続々

忘れられぬ人々

赤松良子自叙伝

赤松良子

ドメス出版

国連公使として（国連本部前1979年8月）

山梨労働基準局時代
(1977年)

士《さむらい》の会　前列左から　鍛治　赤松　浅倉　石原　縫田 (1978年)

総理府参事官時代
(1978年)

文部大臣として東京大学視察
(安田講堂前1993年11月)

文部大臣として国会答弁に立つ(1993年)

1997年10月

映画について
語り合う
(山田五十鈴さん
文部大臣室にて
1993年5月)

文部大臣時代 (森 和秘書官1993年)

赤松　安陪　松本 (2019年)

クオータ制を推進する会（前列左から5人目 赤松 2019年5月23日）

『続々　忘れられぬ人々』赤松良子自叙伝　＊　もくじ

第一章　労働省・総理府時代

平塚らいてうに捧げた感謝状　11
らいてうさんに会いたい！／感謝状の贈呈／大輪のバラ
婦選ひとすじ　市川房枝　16
婦人参政権があったら……／引き継がれてきた運動の成果／
「まさか」の「追放」／心から敬慕の念
おたかさんこと　土井たか子氏　23
女性初の衆議院議長に／「護憲の土井」が首相だったら／
迫力があった質問
ハシ・リュウこと　橋本龍太郎氏　27
思いだすままに／若いピカピカの自民党代議士／
政治家と官僚の交友関係／エリート官僚　道正邦彦《どうしょうくにひこ》氏のこと／

一蹴された育児休業制度の提案
「均等法の父」坂本三十次氏　33
時代を視る目のある方／待ちに待った均等法（案）の提案／
議場騒然のなか

第二章　アメリカ冬の旅

アリス・クック教授　39
私の西洋との出会い／三度目に合格した海外研修試験／
勇躍　アメリカへ／アメリカ研修が人生のターニングポイント／
アリス・クック教授との出会い／「良い友」って／
クック教授家に居候／ウルグアイ大使公邸へお招き／
真夜中の電話
アメリカ冬の旅、そこで得た友　54

ホノルルで西洋を実感・アメリカへ／ジョン課長とフランク課長補佐とアル君／婦人局国際課長のメアリ・キャノンさん／最高の友人となったルーシー・ノートンさん／アメリカ女性の良いモデル、フローレンスさん／心浮き浮きバーボン・ストリート／「風とともに去りぬ」の町で／いざ！　パリへ／身の危険も感じたイタリア汽車旅行／大の音楽好き、テレサ・キソさん

第三章　ウルグアイ大使時代

サンギネッティ　ウルグアイ大統領　79
任国元首に信任状／ウルグアイ・ラウンドの開催
アラン・ガルシア　ペルー大統領　82

アルフォンシン　アルゼンチン大統領　83
大統領の実妹との交流
アリアス　コスタリカ大統領　他　85
イグレシアス　ウルグアイ外相　87
野党からの抜擢／大の音楽好き
シュワルナゼ　ソ連（ロシア）外相　91
遠来の客を迎えて／スーパーハンサム外相のそばに座って／
ソ連で二人目の女性大使を任命した外相に

第四章　文化人・芸術家の友
神代和欣《こうしろかずよし》氏　97
英会話で学友に／年下のボーイフレンド／

七〇歳で結婚した白井泰四郎さん
米倉《よねくら》斉加年《まさかね》・テルミ夫妻と「四輪車」 103
友だちがほしい！／「四輪車」のこと／
無名の若手俳優　米倉斉加年氏／きっかけは働く母たちの座談会／
大谷久子さんとの出会い／映画監督・藤原智子さん
芸術監督　若杉弘氏 111
オペラハウス　びわ湖ホール／就任要請という大役／
頑固なハイボール党
物理学者　米沢富美子氏 115
『自伝』で触れた人間性／研究と育児の狭間で／
あげつづけてほしかった戦争反対の声
女性初の県庁課長　加藤富子氏 120
戦後の学制改革のなかで／輩出したパワー溢れる女性たち／

女性初の上級職の地方課長として／同窓会・さつき会の発会に尽力／
突然の死
志は高く　影山裕子氏　127
男女差別に抗して
あとがき　130
赤松良子　略年表　134

カバー画　赤松　麟作
装　幀　市川美野里

◉写真の掲載にあたって

本書に掲載した写真は、赤松良子所蔵のもの、(公財)市川房枝記念会女性と政治センター提供、安陪陽子氏撮影のものを中心に収録しています。

写真の年代・場所などが不明、撮影者・提供者が確認できない写真もあります。ご指摘、ご教示いただければ幸いです。

＊現代では使われていない国名、地名、用語も、歴史的用語としてそのまま使用しています。

第一章

労働省・総理府時代

国連 高齢者問題世界会議日本政府代表（ウィーン 1982年）

平塚らいてうに捧げた感謝状

日本の近現代女性史のなかで、ひときわ輝いている名は誰か？　私にとっては、うーんらいてう（平塚明子《はるこ》）であろう。

この人については、いろいろ評伝も自伝も出ていることだから、私は個人的にお会いしたときの印象を書くにとどめることにする。公の席ではなく、ご自宅でと、入院中のベッドの上でと二度あった。

らいてうさんに会いたい！

私の三〇代のはじめ頃であったと思う。大学の後輩で、婦人問題研究のグループの仲間として仲良くなった樋口恵子さんと、「平塚らいてうという人、一度会ってみたい」と意見が一致した。明治の末から有名になった（むしろ悪名高かった）あの「らいてう」女史にである。樋口さんも私も、若く生意気ざかり、好奇心旺盛、怖いもの知らずであった。まだインターネットなどない時代だったが、住所ぐらいは何とかわかり、手紙を出して、こちらの経歴も書き、会っていただけないかと尋ねたところ、ＯＫという返事をいただいた。

成城のご自宅へお越しくださいという親切なお返事だった。婦人団体のリーダーでもあったから、面会を求める人はめずらしくなかったのかもしれない。

そこで私たち、ご指定の日時に、喜んで出かけて行った。先生は、きちんとしたお着物姿で、優雅に迎えてくださり、お茶などいただき、失礼な質問などはせず樋口さんも私もまともな後輩として訪問したと記憶している。

感謝状の贈呈

二度目は、私が労働省婦人少年局婦人課長になった時期であった。一九七一（昭和四六）年四月一〇日が婦人参政権実現二五年周年の記念日にあたり、これを記念して、良い行事をしたいと意欲を強くもって、婦人課長は考えた。大正時代から、日本で婦人参政権の実現に力を尽くした女性たちが、まだ健在でおられる間に、この方たちの功績を讃《たた》え、後輩の自分たちから感謝の気持ちを捧げておきたい。

苦しいたたかいをされた方々のお名前をピックアップし、その方々への感謝状を作成し、記念品を添えて、国民を代表して内閣総理大臣から贈呈するというアイデアだった。

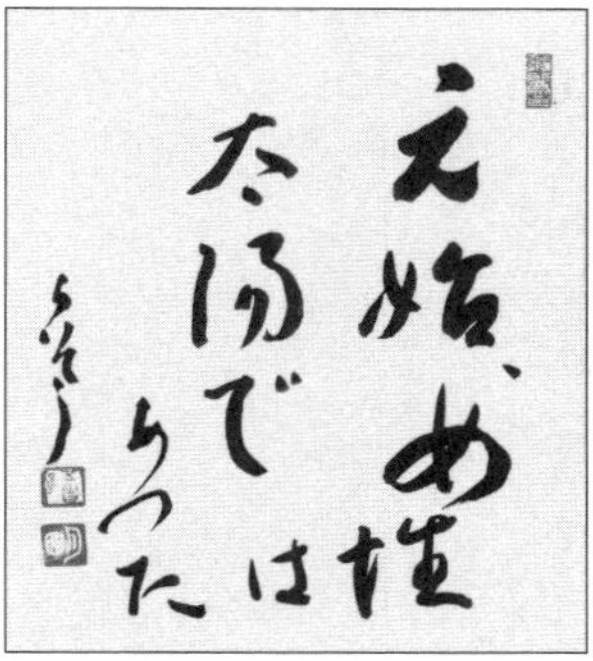

らいてう自筆の色紙

何人もの方に相談してアドヴァイスを受け、名簿を作成し、記念品は何が良いかと考えた。年度初めからの予算は組んでなかったのだが、幸い、内閣からその程度の額なら付けていただけると聞いて、喜んでデパートへ出かけて行き、美しい黒ぬりの書類入れの箱をみつけ、これにしようと人数分を注文した。

そして久布白落実《くぶしろおちみ》、市川房枝……と名簿の順に片っ端から訪問したりお電話をかけたりして、行事の趣旨を丁寧に説明して、感謝状を受けてくださるよう依頼をしたのだった。

この時期、らいてう――平塚明子氏はすでに八十余歳、体調悪く病院に入院中であったが、婦人課長が重要な用件でと面会をお願いしたところ、快く受けてくださった。病室には、個室なので私一人でお邪魔し、さしあげるのは感謝状であって表彰状ではないこと、総理大臣本人が壇の上から下へではなく、平らな形でお渡しするので、失礼にあたらないということなどをお話した。

先生は、ベッドの上に浴衣の寝間着であったと記憶するが、端然と座られ、きちんと聞いていただけた。そしてお答えは、「世の中変わりましたねー」であった。若かりし頃、正しいと思ってしたことが、世の中の批判を浴び、悪口雑言《ぞうごん》の対象になったことに思いがいたったのか、感慨深げであった。

大輪のバラ

ご入院中に訪問した失礼をお詫びして、早く切り上げて病室を辞したが、そのあと、友人の方に私のことをほめてくださったと、もれ聞いて、すっかり嬉しくなったこと、あの大変だった時期のなかの忘れられない思い出である。

ホテルオークラでの式典には、ご欠席だった椅子の上に、美しいバラ一輪を置き、大輪の花だった方を偲ぶ縁《よすが》としたのだった。

その数日後、知性と気品に溢れた美しい人は、静かにこの世に別れを告げられた。

婦選ひとすじ　市川房枝

国際的な女性の地位の指標が毎年発表されるたびに、日本の数値が上がったかと眺め、そして失望することが続いている。一一一位とか一一四位とか、ずっと三桁で低迷しているからである。

日本が経済大国と呼ばれるようになって久しいのに、国民一人あたりの収入が、世界の上位五指に入って日が経つのに、女性の地位は一〇〇位以下！　そのギャップの大きさ！そして、その状態が変わらず続いていることの情けなさ。

それを見るとき、私は市川房枝の顔を思い浮かべ、「先生、申しわけありません。私たちがだらしがなくて……」と心の中で言っている。市川房枝はその八七年余の生涯を、日本の女性の地位向上のために捧げた方だと深く認識しているからである。

婦人参政権があったら……

戦前、戦時中、まだ婦人参政権のない時代、私は幼いときから「婦選」という言葉を知り、それは市川房枝という名と結びついていた。

そんなチビが「婦選」という言葉を知っていたのは、私には七歳上の姉がいて、いろいろなことを教えてくれていたが（もちろん日常生活上のことが多かったが）、そのなかに「婦選」ということがあったのだった。

日本では、男が威張っていて、女は小さくなっている。それというのも、女には参政権というものがないからだ。世の中の大切なことを決めるのは政治なのだが、それは男だけが動かしていて、女は何も口出しができない。

婦人に参政権があったら、こんなことにはならないはずである。参政権＝選挙権。婦人参政権＝「婦選」が大切。これを一生懸命にやっている人が市川房枝という人だ。毎日、男が威張っている生活を見て、うんざりしていた少女の目にこの名前が残り、それと結びついて「婦選」という言葉も残ったのだった。

引き継がれてきた運動の成果

そして、一九四五（昭和二〇）年、そんな世の中がどんがらりと変わった。絶対負けないはずだった日本が負け、それまで大威張りしていた人たちがコソコソ隅のほうへ下がっていった。

一五歳だった私は、フーンとびっくりしたが、女が小さくなって、がまんさせられているのは気分が悪かったから、男女平等＝婦人参政権実現というのは大歓迎だった。

戦後の大きな改革のなかでも最初に実現したのが一九四五年の選挙法改正で、選挙権、被選挙権がいっきょに男女平等になったのだった。これがすんなり実現したのは、戦勝国占領軍の指示があったのはもちろんだが、しかし、国民から大きな反対はなく受け入れられたのは、日本にも婦人参政権運動というものが、大正時代から昭和のはじめまでちゃんと存在していたからでもあった、と思われる。

それはイギリスやアメリカであったような激しいものではなく、人が死んだこともなかったが、しかし、たしかに存在したのであり、それは市川房枝の名とともに残っていたのである。市川といえば婦選、婦選といえば市川！ と選挙権のまだない私でさえ、その名を知っていたのだ。

「まさか」の「追放」

その婦選が実現したら、政治が良くなるはずであり、そのために婦選を主張していた市川房枝自身が国会議員になるべきだというのは論理的に筋が通っている。それなのに市川が実際に国会議員（参議院議員）になったのは一九五三（昭和二八）年であり、四五年から八年も経っている。何故だったのか？ 彼女自身が戦争協力者として「追放」になっていたからである。

はじめは「まさか」と思い、すぐに解除になるものと感じていたのは間違いで、戦時中の市川の行動は、かなり戦争協力に深入りをしていたことがわかり、そう簡単には解除にはならず、結果、立候補ができなかったのだった。

市川、そして「婦選」運動家は、満州事変をはじめとする一五年戦争の当初の頃は、当然非戦の立場に立ち、戦線の拡大を批判していたが、時代はどんどんひどくなり、そんな立場を維持していては、婦選運動そのものの存立が危うくなる恐れが濃厚になっていった。この時代になんとか生き残り、「婦選の灯」をともし続けるために市川たちは、ある程度の妥協をやむなしと考えたのは、この時代の体制のえげつなさを思うと、涙なしには振り返ることができない。

結果、市川は時代にとりこまれ、政権に利用され、あげく、戦後に「格子なき牢獄」で八年暮らさせられるという憂き目をみたのだった。この間の消息については、進藤久美子氏の大著『市川房枝と「大東亜戦争」』（法政大学出版局、二〇一四年）にくわしく述べられている。

心から敬慕の念

私が市川氏と個人的な交流をもてたのは、市川氏が参議院議員になられ、私が労働省婦人課長になっていたときであった。婦人週間の行事をはじめとして、市川氏の意見を聞いて実行すべきだ、と考えられることはいろいろあると婦人課長は考え、電話でアポイントをとって、市川氏のところへ参上した。

ときどき意見が合わないこともあって、呼びつけられたこともあったが、私は、婦選獲得運動時代の市川氏のご苦労に心から敬意をはらっていたので、嫌がらずに議員会館や婦選会館へ出かけて行ったも

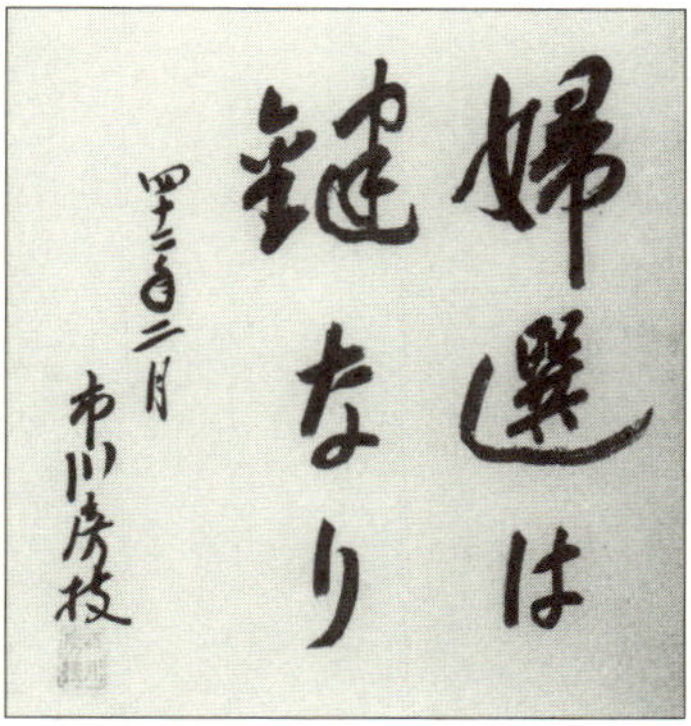

市川房枝自筆の色紙

のである。
もうひとつ、藤田たき婦人少年局長時代には（私はまだ入省したばかりの頃）「市川のお助け」と呼ばれるくらい、市川氏は藤田局長を支えていてくださったので、私たちは感謝の気持ちで、市川氏の局長訪問を見ていたのだった。盟友ともいうべきこのお二人の交流が、日本の女性運動のひとつの中核となっていた時代というものがあったのである。

市川氏が八七歳九カ月の長い生涯を参議院議員の現職で終わられたとき、私は国連代表部公使としてニューヨークに在住していて、ご葬儀にも列することができず、女性を外交官として活躍できる場を作ってくださったことへのお礼も申しあげる機会がなく、これまで過ごしてきたことを思い、お詫びとお礼とを心の中で叫んでいる。

おたかさんこと　土井たか子氏

女性の政治家で、忘れられぬ人としてあげなければならない人に、土井たか子氏がある。日本社会党が生んだもう一人のスター田中寿美子氏は、私より二〇歳上だったが、土井さんはぐっと若く一九二八（昭和三）年生まれだというから、私（一九二九年生まれ）とほとんど同年であった。田中さんは党の副委員長どまりで、公職には就かれていないが、これは時代の違いで、社会党が万年野党に甘んじていたせいである。

女性初の衆議院議長に

土井さんのほうは、五五年体制といわれた自民党の長い政権独占時代のあと、一九九三

（平成五）年の政権交代の大舞台で、社会党は与党になり、土井さんは、あわや首相かという声も聞こえたが、男性のねたみか何かはわからないが、衆議院議長にまつりあげられ、憲政史上初の女性議長と呼ばれはしたが、権力の座からは遠ざけられた、と私には見えた。善《よ》かれ悪しかれ、女性は権力欲という点で甘いところがあるのかナー。

「護憲の土井」が首相だったら

というか、もともと彼女は、学者の出身で、根っからの政治家ではなかったということもあるかもしれない。それは彼女の魅力でもあったのだが。

しかし、村山富市などという古老が首相になり、「自衛隊は合憲」という政策転換をして政権に執心したせいか、あらぬか、社会党は退勢期に入ってしまった。おたかさんがもう一度「やるっきゃない」と頑張って、首相になり、「護憲の土井」の名をあげていたら、日本の歴史は変わっていたか、山が動いたかもしれないと思うと残念である。

彼女は、日本の政治家のなかではめずらしいインテリで（今はそうでもないが）、同志社大学、同大学院の卒業。同大学、関西学院大学、聖和女子大学の講師を務めた歴《れっき》とした学者であった。

迫力があった質問

初の女性衆議院議長

国会での質問は論理的で、迫力があり、声はリンとして、姿は美しかった。オジサン議員たちが、面倒な資料読みをサボッたりするのと違って、勉強するのはお手のものだから、必要とあれば、喜んで質問を引き受けていた（と見えた）。

私は彼女のまだ若かりし頃（四〇代）に政

府委員として国会答弁を何度かしたが、彼女に負けないように資料を読み、勉強をして、それにのぞんだという記憶がある。

役まわりとしては、質問をして政府委員を追及するほうが、野党議員をたてながら、間違いのないように地味に答える政府委員より、ずっと見た目が良いのはしかたのないことであったが……。

八五歳で亡くなられたのだから、短命とはいえないが、晩年は二〇〇五年に衆議院議員総選挙で落選後、表舞台を去り、その後体調を悪くされ、人とも会われず過ごされたと聞くと、あの華やかな姿を知るだけに淋しさを禁じ得ない。

ハシ・リュウこと　橋本龍太郎氏

思いだすままに

労働省に入省したのは私が二三歳、国家公務員として三七年、結婚もして子どもを育て、外国勤務が二回（計六年）、大きな病気がなく、無事に卒業できたのは、幸運というほかない。その間めぐりあった多くの方たちには（多少の例外を除き）、温かく、支え、導いていただいたことを思い、感謝の気持ちでいっぱいである。すでに『忘れられぬ人々』と『続 忘れられぬ人々』にとりあげているが、さらに続々と忘れられぬ人々が思い浮かんでくる。

労働省時代の前半は、つきあいは省の内部、それも同じ局内のせまい範囲が多かったが、しだいに交友の幅を拡げ、人生の味わいを深くしたいと思うようになった。省の外、公務員以外で、お会いする機会の多くあった方――まず思い浮かんだのが、橋本龍太郎氏である。

若いピカピカの自民党代議士

与党自由民主党の若いピカピカの代議士！　それが一九七〇年代はじめの「リュウちゃん」と呼ばれていた橋本氏。何がピカピカか？　若くてサッソーとして、頭がポマードでピカピカしていたのである。彼のお住まいが六本木にあり、母君が近くの病院に入院しておられた頃、私の鳥居坂の住居と近かったので、うどん坂あたりで、すれ違うことがときどきあった。慶應ボーイらしいお洒落で、ちょっと肩をそびやかし、でも愛想良くヤーヤーと挨拶をしてくださったのを記憶している。

政治家と官僚の交友関係

私が婦人課長になり、高橋展子《のぶこ》局長のもとで「勤労婦人福祉法」の立法作業をするようになったら、与党の社労族（労働問題担当の議員）橋本氏にアプローチするようにといわれ、局長その他女性幹部との会食を設けた。当時の習慣では、官僚が国会でお世話になる議員＝先生をお招きして、赤坂や永田町の料亭で食事をし、法案に関する資料なども用意して、真面目に説明もして、遊興ではないという形式を整え、政治家—官僚の交友関係を結ぶのであった。

もちろん酒席になるので、酒の弱い人には苦手という場合もあったが、幸か不幸か、私はお酒は弱いほうでなく、地方局の管理職という経験も積んでいたから、酒席で困るということはなかった。たくさん飲んだふりをして実はあまり過ごさず、醜態を見せないよう注意はしていた。

ともあれ、橋本氏とは気持ち良く飲み交わし、この方はバックグラウンドが良く（元厚生労働大臣橋本龍伍《りゅうご》氏のご子息）、若いのに議員歴は長く（二〇代で衆議院議員に当選）、容姿端麗《たんれい》で人あたりも良いから、前途は洋々たるものだと考えていた（総理大臣にまでなられるとは、その時点では思いおよばなかったのは残念だが）。

彼のエピソードはいろいろあったが、幼少の頃母君に死に別れ、中学時代はグレて、継母に反抗して仕方のない悪ガキだったのが、長じてからは、深く反省して孝行息子になり、母君が病重く入院されてからは、多忙な国会議員なのに一日も欠かさず病院へ見舞っていたと聞いたのも、好感をもった一因かと思う。

エリート官僚　道正邦彦《どうしょうくにひこ》氏のこと

一九七二（昭和四七）年、いろいろ苦労はあったが、「勤労婦人福祉法」は、無事成立し、髙橋展子局長は二つの福祉法（勤労青少年福祉法と勤労婦人福祉法）の生みの母となられたのであった。この局長を支えて国会への根まわしなど協力を惜しまれなかったのが官房長の道正邦彦氏だったが、この人は官僚として抜群の優等生で、エリートコースをまっしぐらに走り（労働基準局長、労政局長、労働次官と）、労働省でおさまらず、内閣官房副長官まで務めた方だが、家庭では敬虔なクリスチャンで、そのせいか五人もの子女の父だと伝えられていた。

このエリート官僚が評価し、畏怖《いふ》もしていたのが「ハシ・リュウ」だったこともあって、私たち女性官僚は、若いイケメン（当時はまだこの言葉は生まれていなかったが）の代議士を囲む会で、時折、会食をしていた。

一蹴された育児休業制度の提案

その頃、私の頭に育児休業制度を制定したいという願いがあり、これは実現可能性が高かった。この言葉が日本で初めて法律のなかに書かれたのは、まさに「勤労婦人福祉法」

なのだが、その制度が対象とするのは、一歳未満の子を育てている勤労婦人なのであった。国際的に見ても、ＩＬＯ条約（勧告）のなかの育児休業も、はじめはそのように書かれていた。

しかし、方向としては、育児の責任は母のみにあるのではなく、父も共に負うべきものという考えに向かっていた。それは私自身にとっては実践を伴った信念でもあったから、日本の法のなかで実現したいとずっと考えていた。

そこで、理解がありそうな国会議員は？　と考えついたのが、「ハシ・リュウ」だった。会食の機会を見つけて、「男女共に取れる育児休業制度」を、ともちかけてみたところ、「何だ、これ以上〝ゴキブリ亭主〟を増やす気か！」と怒鳴られてしまった。若くて、先見性のありそうな先生と思ったが、あえなく期待は裏切られ、「理解があるようでも、これが限界か」と、そのときは力なく引き下がった。良い思い出も、がっかりした思い出も共にあるリュウちゃん＝橋本氏は忘れられない人の大物である。

「均等法の父」坂本三十次氏

時代を視る目のある方

役人としておつきあいのあった政治家というのは、局長時代にお仕えした三人の大臣である。最初の方は、思い出したくない部類の男性だし、三人目の方はまだご存命中（とても若い大臣だった）なので、二人目の、いちばん長く、そして「男女雇用機会均等法」制定のたたかいを支え、導いてくださった方として忘れられぬ人である。その名は坂本三十次氏。

この方については『均等法をつくる』（赤松良子著、勁草書房、二〇〇三年）のなかで

「文武両道に秀で、小事にこだわらず、思いやりがあり、温かい人柄の、頼りになる方であった」と絶讃している。旧制四高（金沢）、東北帝大（仙台）を卒業した教養人だったから、学歴コンプレックスがないのは当然として、時代が男女平等に向かって動いているいることをよく理解しておられたのは、戦後民主主義の時代に青春の日を過ごされたせいか。それとも何かほかに理由があるのか、私たちには知るよしもなかったが、この方が、剣道の達人（国会議員中最高の有段者とのこと）だったこととは関係ありや無しや？

ともあれ、前任者が「オレは男女平等は嫌いなんだ。女は弱く、優しいから守ってやろうと思うが、権利を主張するのはどうもね」と公言してはばからない人だったから、坂本大臣を迎えたときは、ホッとして業務に邁進《まいしん》する気になったのだった。

時や良し、「男女雇用機会均等法（案）」が衆議院に提出された一九八四（昭和五九）年を迎えていた。

待ちに待った均等法（案）の提案

この年（一九八四年）の国会は五、六月まで正式に開かれず、五月開会となり（しばらく開店休業）待ちに待った均等法（案）が内閣法として提出され、六月二六日に提案理由説明に坂本三十次労働大臣が立たれた。

国会審議の模様は『均等法をつくる』（勁草書房、二〇〇三年）に書いたので省略するが、坂本三十次大臣の答弁は、猛勉強の甲斐あって、よどみなく、そして誠意のあるもの（補佐をしていてそう感じた）であった。

忘れられない一場面は、やはり「ケツマクレ」で有名になったT議員の赤松局長いじめの幕である。均等法の生ぬるさをなじって「こんな程度の法律を作るぐらいなら、ケツをマクッて辞めたらどうか」というはげしい、かなり品のないものだった。

議場騒然のなか

これに対して坂本大臣は、「赤松はベストを尽くした。法案提出の責任は自分にある。自分が良しと信じて提案した」と明快に答弁された。はげしい野次（T代議士をほめるもの、品がないとののしるもの）で議場騒然たるなか、少しも動ぜず、ちゃんと局長を守っての答弁をされたのに、局長（私自身）は頭の下がる思いでいっぱいになった。

均等法成立（一九八五年五月）の直後にあったお祝いの会（婦人局長室で）にかけつけて、乾杯の音頭をしてくださったときの嬉しさは、この方への感謝の念とともに忘れることはない。

「均等法の母」と私は呼んでいただいて嬉しいが、「均等法の父」の名はどうしても坂本大臣に捧げたいと思っている。

第二章

アメリカ冬の旅

30代の頃

アリス・クック教授

私の西洋との出会い

父が洋画家だったせいで、私は油絵の絵具の匂いのなかで育った。生活は日本式だったが、父のアトリエはモダーンなつくりで、裸のモデルさんがソファーの上でゴロゴロしていた。父も母も家では和服で、畳の上で暮らし、母など夏のアッパッパー以外は洋服は着たことがなかった。父は明治男だったが、ハイカラ好きなところもあり、仕立ての良いスーツで、映画はアメリカ映画が好きで、まだ字幕もロクに読めない私を松竹座（大阪一の映画館）などへ連れて出かけた（そのあと「天吉」の天ぷらというのが、お定まりのコースだった)。

これが私の人生で「西洋」の第一幕とすると、第二幕は戦後(太平洋戦争後)の進駐軍の占領時代である。戦争中、鬼畜《きちく》米英などと悪口をたたきこまれたあとに、日本に現れたのは、背の高い、かっこいい、女性に親切なアメリカ軍人だった。見るも無残にショボクレた日本の男にひきかえ、なんと素敵! というのが実感! これが西洋だった。

三度目に合格した海外研修試験

少し世の中が落ちついて、私自身も大人になり、国家公務員としての生活も軌道に乗ってきて考えたことは、人事院の海外研修制度の試験に受かれば、欧米で暮らすことができる、ということであった。試験は英語だから、津田(現在の津田塾大学、当時は英語の専門学校)出の私は強いはずだと。同級の谷口隆司君はそれに受かってアメリカ行きが決まっている、と軽く考えたが、これは私のうぬぼれ。

二度も落ちて、三度目にやっと合格した。一度目は省内での予備試験で落ちてしまっていた（もっともこれは、試験官は省内のおえら方が自分は英語ができないので、日本語で質問し、英語で答えさせるというずるいもの）。

あとで考えると、私が三年在学していた頃の津田というのは、戦後すぐの、うんと程度の落ちていた頃で、ネイティヴの英語教師はほとんどいないという状態だったし、大学は法学部で英語の授業はほとんどなしだったので、英会話力はさっぱりだったことに、気がついていなかった。

勇躍 アメリカへ

二度の失敗のあと、これではいかんと思って、イギリス人の婦人について話をする機会を（週一回）つくって西武新宿線の中井駅へ通うことにした。一人ではたまらないと思い、ボーイフレンド二人と私の三人で（この二人もアメリカ留学希望）勉強に出かけた。

この会は放課後の飲み会（新宿で）が楽しいのでよく続いた。三人とも前後してアメリカ留学が実現した。

私はイギリスへ行きたかったのだが、イギリスのほうは条件が厳しくて、私の成績では不合格だといわれ、アメリカなら０Ｋだというので、アメリカへ行くことにした。代わりに自費でイギリス、ドイツ、フランスとまわって帰ってくるという方法を考え、これが実現した。自費といっても私自身にはとてもそんな貯えはなく、母のもっていた株券を売って（後々まで配当分は母に返金するという条件で）、ひねり出したのである。

何とかしてヨーロッパも見ておきたいという願望はかない、準備おさおさ怠りなくという感じで半年を過ごし、勇躍アメリカへと向かった。というと嬉しそうだが、実は心細くなってしまい、トランクに和服まで詰めながら、半分ベソをかいていたというさえない記憶がある。

留守宅には、Ｋ大の通信学生だった姉が、一年間通学するため東京で住むという状況とがうまい具合に重なり、小学生の娘を連れて、小田急線代々木八幡の家にやってきて、バトンタッチし、私の息子と従姉弟二人で同じ小学校に通学するようになった。

半年以上の生活用品を詰めこむ大きなトランク（まだ車のついた式のものはなかった）は先輩の経験者（森山眞弓氏）から借りることができ、それをひっかついで、生まれて初めての飛行機というものに羽田から乗った（まだ成田の飛行場はできていなかった）。憧れの外遊がこんなに淋しく、悲しいものだとは、実際経験しなければわからなかったのであった。

アメリカ研修が人生のターニングポイント

けれども、アメリカ研修という経験は、やっぱり人生でするべきことのなかの大きなもののひとつであったことは、間違いない。これなくしては、後半生での何度かの国際会議への出席も五〇代のアメリカ駐在生活も、そのあとの外交官としての任務も、果たすことはできなかったと思う。

そして、以降の人生を豊かにしてくれた外国人との交友も、英語力ぬきでは考えられないものであったかと、その意味でも、この研修は、大きなターニングポイントということができる。

アリス・クック教授との出会い

アメリカ人との交友という点では、日本に滞在中の学者・研究者の方々とのものが外遊より先行してあり、その方々が非常に良い人物だったことは、大きな幸運であったと今でも感じている。

すれ違いにすぎなかった程度の外国人を除き、生まれて初めて、ちゃんとおつきあいのできたアメリカ人。それはコーネル大学教授アリス・クック（Alice Cook）先生であった。アメリカは日本よりずっと女性の地位が高いから、名門大学に女性の教授がいるのは当然とその頃思っていたが、それは必ずしも正確ではなかった。

アメリカといえども、当時、女子大ではない一流の大学で教える女性教授というものは、例外的に少数であった。イキの良かったスーザン・ファー（Ms. Susan Pharr）がハーヴァード大学教授になったのは、それより三〇年もあとのことで、それを知ったとき「ウァーすごいじゃない」と喜んだのだったから……。

ともかく、コーネル大学は先進的だったらしく、クック先生は決して若くはなかったが、ちゃんと正教授になられたのだった。初めてお会いしたのは東京で、日本の労働問題の研究のため、K大に部屋をもって、半年から一年留学されていたときであった。

「良い友」って

アメリカ国籍であったことはたしかだが、ドイツ生まれか、ドイツの生活が長く、大学もドイツと聞いたと記憶している。そのせいか、見た目も地味で、アメリカっぽくなく、つきあい方もじっくり落ちついたものだった。もっとも、アメリカ的に開放的で親切という点は、その後知り合ったアメリカ人共通のものであった。活動もヨーロッパ、アジアと広かったから、友人も広く世界各地にあり、それも表面的でなく、じっくりした人間関係をきずいておられる方だという印象をもった。

そのことは感動的であったので、私は教授に尋ねてみたことがあった。「先生は、どうしてそんなに良いお友だちを、あちこちにたくさんもっておられるのですか？」と。自分もそうなりたいと希望しつつ……。答えは、「それはね、私が友人をとても大切なものだと思っているからですよ」であった。

この言葉に、私は深く納得した。そうなんだ！　人生で良い友だちをもつということは

アリス・クック教授

大切なことなのだから、私も友人を大事に思い、良いつきあい方をしようと。

そこで「良い友」というのは、どういうものなのかと、ときどき考えたものである。いろんなフレーズが頭に浮かぶ……。「友を選ばば書を読みて、六分の俠気、四分の熱」（与謝野鉄幹）。「物くる友、薬師《くすし》の友（医者のこと）、智慧ある友」（吉田兼好法師『徒然《つれづれ》草《ぐさ》』）。職場の友、読書会の友、旅行の友、夕食の友、ランチの友、映画友だち、温泉の友まである。長電話の友、メールの友まで、多士済済ということができる。

クック教授家に居候

高齢者の独り暮らしは、友だちでもっているのだと今実感できるが、クック教授は六〇年前、すでにそういう存在だったのだ。そしてアメリカ研修の途上、コーネル大学のあるイサカを研修に組みこむことが認められ、主客処《ところ》をかえ、私は客としてクック先生を訪問、一週間そのお宅に泊めていただき、短期ではあるが宿泊費も払わず、居候をさせていただいて、その生活ぶりをじっくり眺めることができたのは、望外の幸せだった。長期の研修でも、あとはホテル住まいばかりだったのだから。

広壮とはいえないまでも、何部屋かある一戸建ての家に住み、動物はいなかったが、植物はいろいろ、毎朝起きて第一の仕事は植木鉢（数は数えておかなかったが）に水やりをすることだった。

朝ごはんはトーストとコーヒー、炒り卵と野菜サラダぐらいだったと記憶するが、これは現在の日本のものと入り交じっているかもしれない。ランチは大学へ出かけて教員食堂で食べておられた様子。夜はお宅へ友人を呼ばれたり、町なかのレストランで、私をふくめて友人と食べておられた。食事の中身は、今では日本も良くなっているが、当時は両国の間にかなり差があったように思う。

戦後一〇年以上経ったとはいえ、日本はまだ貧しく、食生活も豊かではなかったのに比し、アメリカは断然タップリしていた。ただし、味は今でもそうだろうが、大味で、日本のようなわけにはいかなかった。

一週間も居候をさせてもらったのは、このときだけだったように思うが、そのあと、彼女がボストンで教えておられたときにも、ボストンの町を見たかったこともあって訪問し、二、三日泊めていただいたように記憶している。これは最初のアメリカ研修のときではなく、私の国連公使在任中のことであったかと思う。

ウルグアイ大使公邸へお招き

こうして何度もお邪魔していたお礼をせねばと思っていたので、私が南米のウルグアイ東方共和国の大使になって、モンテビデオに住んでいたとき、すでに八〇歳も半ばというご高齢とは知っていたが、健康な方なので、未知の国を訪ねてみたいとお思いなら、大使公邸にお招きしたいと、長距離電話をかけてみたら、なんと、ぜひ行きたいというお返事。

同伴していた日本人のコックを励まし、一週間ばかり、アメリカ風にたっぷりの料理を作らせて、おもてなしをした。ご滞在中はのんびりしていただいて、パンパと呼ばれる大草原や野っぱらの真ん中に湧き出る温泉やらも経験していただいた。

アメリカでは知られた大学の教授である方だと、駐ウルグアイ・アメリカ大使にもご紹介したら、折からのアメリカ大統領選挙の実況放送が公邸のテレビで見られるからと、アメリカ大使公邸に食事付きで招待していただいた。アメリカ人同士でお話がはずんだので、私も嬉しかった。

スペイン語もわかるらしく、私のコックとはスペイン語で話しをしておられ、キッチンまで入りこんで、料理の様子を見学したり、飼い犬のルーシーとも遊んだり楽しいご滞在だったのは何よりと、懐かしい思い出である。そのあと、アルゼンチンとかチリとかにもまわられたのだったが、とにかく無事に帰米されたとお電話があり、そのタフさ加減にホトホト感心した。

真夜中の電話

ウルグアイでの任期が終わり、帰国。そのあとブラブラしていたら、アリス・クック教授からホノルルで研究会を企画したから出席してくれと連絡が入った。日米の女性労働運動の比較研究とかが内容で、私のほかは、日本の労働組合（同盟）の事務局員をしていた若い女性（高島順子さん）、アメリカからアリスがオーガナイズした女性が参加するという話。

内容もさることながら、しばらくぶりにハワイへ行くのも悪くないと引き受け、英語で報告できるよう準備もして飛行機に乗った。最初の三日は、午前二時間、午後二時間ぐらい、ミッチリ研究会に出て、あと一日はのんびりワイキキの浜辺を楽しもうと考えていた。

真夜中、東京から電話が入った。大政変があり、宮沢内閣が倒れ、後継は非自民の連立内閣になるらしいとはＴＶニュースで知っていたが、その内閣のトップと目される細川護《もり》熙《ひろ》氏から、入閣依頼。そして急きょ帰京するようにとの要請であった。細川氏からは、その前年秋、新党を作るので、入党し、衆議院の選挙に立候補してほしいとお話があったのだが、私は身体があまり頑丈ではない（とくに病気はないけれど）ので、過酷な選挙運動は無理と思うと、お断りした経験があった。

今度の話は、選挙運動はないのだから、健康上問題はないだろうとのこと。何を担当するかは不明だが、ともかく、東京でお会いすることになり、急ぎ帰国準備をした。

このことをアリスにはすぐに報告したところ、彼女は顔をクシャクシャにほころばせて、おめでとうと喜んでくださった。このとき彼女は九三歳ぐらいではなかったか、大臣としてお会いするチャンスがあったら（大使としてお会いできたように）、嬉しいと思ったが、それはかなわず、在任中にあの世へ逝ってしまわれた。

長い交友、いただいた恩義に報いることもできず、葬儀にも出られず申しわけない気持ちでいっぱいだが、あの温かさ、あの誠実さ、あの優しさに対する感謝を忘れることはなかった。九〇歳近い今日まで、そしてあの世でお会いする日まで！

アメリカ冬の旅、そこで得た友

ホノルルで西洋を実感・アメリカへ

宿願の海外研修の地、アメリカへ向かったのは一九六三（昭和三八）年（三四歳）の一〇月一〇日であった。一七歳のとき、生まれ育った大阪の土地を離れて東京に向かったときに次いで、今度は故国をあとにする初めての旅であった。

ジェット機などというものは、まだできておらず、ブンブン、プロペラのまわる中型のもので、日本からワシントン、ニューヨークへの直行というものはまだなく、ハワイ、ロス・アンジェルスと止まって東部まで行くのだった。

まだめずらしい外遊！　ということで、職場の同僚や家族・友人たちに見送られ、羽田からまず降りたのは、ハワイのホノルル空港であった。ハワイへ留学中の学者の方がお世話をしてくださることになっており、空港へ出迎えていただき、そのあともとても親切に案内していただいた。

ホノルルでは一泊だけだったが、これが西洋かという実感がもてた。清潔で安全、東洋的な顔の人も見かけるが、言葉はすべて英語。人は明るい表情で親切。物は豊かで、とてもおおらか。なんて良いところなのだろうというのが第一印象だった。半世紀以上前だけれど、気候はあのときのまま暖かく、陽気なことでしょう。

そしてまたロス・アンジェルスで乗りついで、一路、ワシントンへ……。ワシントン空港の名がダレス国務長官の名をとってダレス・エアポートというのだと知らず、ダラスと聞こえるものだから、南部のダラスなのかと思って、ヒヤヒヤしたのも、困った思い出である。着いてみたら、ちゃんとワシントンらしく、ホッとし、出迎えにレーバーアタッシェ（アメリカ駐在）の中原眺氏が待っていてくださった。大先輩なのに、アメリカ風にレディファーストで礼儀正しく迎えてくださるので、ちょっといい気になってしまった。

一〇月半ばのワシントンは、もう冬の始めといった感じで、労働省のオフィスには暖房がついていた。東京より温度が少し低いということより、ここの人たちがぜいたくで、少し寒い朝があるとすぐに暖房をつけるのだとわかるのに少し時間がかかったのだった。

ジョン課長とフランク課長補佐とアル君

私の当時の親元は、日本の労働省の職業安定局だったから、アメリカ労働省の受け入れ先も、職業安定局だった。したがって、中原書記官に連れていかれてお会いした最初のアメリカ人は、職業安定局の職員、中年の課長、課長補佐、若い事務官の三人で、全部男性だった。

はじめだけフルネームで紹介されたが、あとはすぐ、ファーストネームで呼びあう習慣だったから、私はRyoko（りょうこ）と呼ばれ、そこまではよかったが、立派なオジサン（課長）をJohn（ジョン）と呼べといわれたのにはまいった。でも今では、この方のことをジョンとしか覚えていない。そして三〇代半ばくらいだった課長補佐はFrank（フランク）で、若いイケメンは、アル（本名は忘れてしまった）である。半世紀以上経って、こうして覚えているのは、この方たちがとても親切で、オフィスでだけでなく、自宅まで招待してくださって、夫人ともお会いしたせいであろう（若いアル君は、独身だったが）。

ワシントンでお会いした最初のアメリカ人三人は、やはり忘れられない人々である。

婦人局国際課長のメアリ・キャノンさん

女性で最初の方はメアリ・キャノン（Mary Cannon）といった。婦人局の国際課長で、中年の小柄な方で、なかなか色気のある女性だった。わかりやすい英語なのは国際的な部署にいる人には共通で、こちらは助かったが、笑い方は、日本人にはマネのできないもののように感じた。

この人とは、何度かワシントンを訪れるたびに会うようになり、最後には、お世話なった何人かの日本人が企画をして日本へ招待できたので、東京の案内をし、帝国ホテルですき焼きをご馳走したのを記憶しているから、長いおつきあいができた。

ジョージ・タウン（ワシントンＤＣの西にある洒落た街）にこぢんまりした、こぎれいな一軒家に、新聞記者だかジャーナリストだかの女性と住んでいて、私をTeaに招いてくれた。このパートナーの女性は背が高く、Maryとは反対のいかつい感じだが、インテリで大変なキャリアウーマンらしかった。二人とも家事は得手でないらしく、'domestic duty' をどう分担するかを議論しあっているのが、アメリカ的で面白かった。

ワシントンでは、最初の一週間ほどはホテル住まい、そのあと素人下宿のような家庭的な雰囲気のある三階建ての家に入れてもらって、安く暮らせるようになった。かなり年配のマダムだったが、優しく親切で、音楽会のニュースなども教えてくれ、ホームシックが楽になった。

経済的には一月四七〇ドル（一ドル＝三六〇円）をＩＬＯから支給され、物価の高さを計算に入れても、日本での収入（月給一万円程度）に比べれば、ずっと良いわけなのだが、貧乏暮らしが身についていたから、質素に暮らしていた。ランチは労働省（Department of Labor）のカフェテリアで食べ、夜は近所の安いレストランで食べていた。それでも当時は、生活レベルが日米格差の大きい時代だったから、東京よりかなり良い暮らしだと感じていた。

それに大きな違いはレディファーストの習慣で、女性にとって、これは何といっても気持ちの良いものであった。

最高の友人となったルーシー・ノートンさん

一カ月半ぐらいワシントンでの研修を受け、一一月下旬、もうheavy coat（日本でいえば冬のコート）が要るというアドヴァイスを受け、デパートで、裏のモフモフしたコー

ルーシー・ノートンさん（1960年代後半）

トを買って都をあとにした。

　最初の街は汽車で一時間ほど行ったボルティモアという港町。これは、ジョン課長の住んでいるところだというので、仕事というより、旅に慣れるために選ばれた場所。次がペンシルヴェニア州の州都・ハリスバーグ。ここには立派な州の職業安定局があり、ルーシー・ノートンという女性課長が面倒を見てくれた。

　このルーシーさん、このあと私のアメリカの友のなかの最大の人となる人である。最大というのは、ひとつは身体の大きさ（体重私の倍以上）、もうひとつは存在の重要さである。

　ハリスバーグに滞在中（一週間ほど）は、毎日自分の大きな車でホテルに迎えにきてくれ、訪問先のＰＥＳＯ（Public Employment Service Office）へ連れて行って、うまく紹介してくれ、夜の食事は、個人的に友人を誘ってレストランやカフェテリアで一緒に食べてくれる（いつもご馳走になるわけにはいかないから、ワリカンにしたり、私が出したりはしたが）とか、淋しい思いをさせない配慮をしてくれた。そのあと、私が他の州へ行くときには、そこにいるカウンターパートのオフィスの職員、その町に住んでいる友人（電話帳で探して見つける）に連絡をして、私のことを頼んでくれるなど、いたれりつくせりの面倒見の良さであった。

　これには私も感激して、行く先々から電話で現状報告を続けたし、三カ月の旅をしてワシントンへの帰途、ハリスバーグへ立ち寄って彼女に再会を果たした。このときの彼女の喜んだこと、実の妹が帰ってきたかのようであった。私のほうも、その深情けに応えて、何年も経ったあと、ウルグアイ大使時代に飼った犬の名前をルーシーとしたのであった。

アメリカ女性の良いモデル、フローレンスさん

ルーシーの紹介してくれた人は、それぞれの町の職業安定所の婦人労働問題担当の人々が主だったが、ときどき個人的な友人で毛色の変わった人もいた。その一人にシカゴの住人で、個人企業の経営者というフローレンスという初老の女性がいた。その名がナイチンゲール（あのイギリスの偉い看護師）と同じなのですぐ覚えてフローレンス、フローレンスと仲良くしていた（というよりお世話になった）。

その人がつきあいやすかったのは、とても小柄で並んで歩きやすかったせいもある。ルーシーなど、私の倍もある大女だから、彼女の車（高級ではないがデカい車だった）に乗せてもらうのは良いが、腕を組んで歩くというのは難しい関係であった。その点でフローレンスは歩幅も私とあまり変わらず、一緒に行動がしやすかった。そして小なりといえども経営者（小ではなかったのかもしれない）だから、安心してご馳走になれたように

記憶している。

フローレンスのおかげで、アメリカ第二の大都市シカゴの町が少し親しみがもてるようになった気がした。それまではWindy Cityと呼ばれるだけあって、迷惑な冬の風が吹きまくり、ミシガン湖に面しているのはいいとして、その湖は冬じゅう凍りっぱなしで、情緒があるわけでなし、住人はニューヨークもそうだが、セカセカ忙しそうにしているし、とても魅力のある町とは思えなかった。

だがフローレンスに案内されて入るレストランは、上等なせいか美しい内装で洒落ているし、出される料理は結構な味で、ウェイターの客あしらいも洗練されていて、それまで訪れてきた田舎町とは違うという感想をもったのだった。

それまでに訪れた町というのは、ニューヨーク以外はバッファロー、クリーヴランド、デトロイトなどだから、いずれも大都市で、田舎町というのは失礼なのだが、でも人口は数十万人というところで、ニューヨーク、シカゴに比べると田舎町となると思った。それでもアメリカだから、当時の日本にはないようなきちんとしたバー、飲み屋はあったから、相手さえ良ければ、悪くないとはいえたのだけれど……。

そのフローレンス。あんなに親切にもてなしてくれたのに、シカゴを離れてからは別れたっきりで、ろくにお礼もいわずになってしまったのは申しわけなかった。半世紀以上たって、心の中で思っています。「アメリカ女性の良いモデルと知り合えて幸せでした。ありがとう」と。

心浮き浮きバーボン・ストリート

シカゴのあとは、ぐっと南下して、セント・ルイス・ミズーリ、そしてニューオルリアンズへ着いた。この町、今はどんなになっているだろう。行ってきたという人に会うこともないので知るよしもないが、私が訪れた時代は最盛期だったのではないか？　と思うくらい、着いたとたんから、心浮き浮きするような享楽的な町だった。

ミシシッピー川の河口にある港町で、南部一の大都市ということはガイドブックで知っていた。町の中心部の便利の良いところにホテルをとり、タクシーでさっと帰れるようにして、バーボン・ストリートという名前だけでも酔っぱらいそうな目抜き通りへと繰り出した。

土曜の午後に着いたのは、前地セント・ルイスはさっさと発ち、月曜からはやっぱり職安のオフィスへ行く予定が入っているから、ウィーク・エンドはバーボン・ストリートという深謀遠慮（?）からであった。この通りはアメリカにしてはとてもせまい（手をひろげれば両側の壁に届きそうなほど）道だが、軒なみバーや飲み屋なので、どこかの戸口が開くと、ウォーンとデキシーランド・ジャズのしらべが流れてくるのだった。

それでも月曜には、ちゃんとPublic Employment Service Officeへ出頭して、「来ました」と報告し、少しは仕事らしいこともした。

そのあと、やっぱりルーシーから電話で依頼があったらしく、一人の女性が案内してくれるというので、Cafeで待ち合わせた。アメリカの女性らしく、体格の良い中年の方で、職業はDentist（歯科医師）で、この町で生まれ、育った人だという。旅行者ではわからない町の穴場を見せてくれ、ミシシッピー川の船旅へと誘ってくれた。今でこそ、日本でもクルーズはめずらしくないが、当時まだ故郷ではそんな遊びは経験したことがなかったから、喜んでついて歩いた。

この町にぴったりの陽気でおおらかな人柄で、一緒に歩いて楽しかった。それなのに名刺もないので（アメリカ人はほとんど使っていなかった）、あとろくなお礼もいえないで別れてしまって、これも心残りな方である。「アメリカ冬の旅」はいっぱい不義理をしており、今になってとても申しわけない気持ちである。

「風とともに去りぬ」の町で

南端の町から一転、北上して次の町はジョージア州、あの「風とともに去りぬ」のアトランタであった。ここには、立派な州のオフィスがあり、職業安定課はもちろん、婦人局の出先の婦人課もあった。私の滞在の最初の週は職業安定課が担当し、第二週は婦人課が担当するというとりきめをしたので、この美しい州都を丁寧に見せてもらうことができた。

というのも、婦人課長という方がなかなか素敵な女性で、自分の車に私を乗せて、南北戦争時代の名所をきちんと案内してくださったからであった。そしてなるほどと思ったのは、私たち日本人の感覚では、南北の対立において、リンカーン大統領が代表する北が善で、奴隷制を死守しようとする南の地主が悪と思いがちであるのが、ここアトランタではまったく逆なのであった。

まさか、今どき奴隷制を良しとするわけではないが、南軍が敗れたのは残念だったという気分が感じられ、歴史の勉強を別の視点からするということは興味深いものだという感想をもったのだった。

アトランタが終わって、あとはウェスト・ヴァージニアで一週間過ごし、懐かしのワシントンＤＣへと帰りついた。アメリカ冬の旅の間、私がホームシックを感じたのは遠い故郷日本ではなく、秋の一カ月半ばかりを過ごしたワシントンであったのはどういうわけだったのか？　とにかく、あのワシントン・モニュメントが見られたとき、「帰ってきて良かった」と実感したのであった。そしてこの美しい都に春がきていた。旅の間じゅう着ていたheavy coatをぬぎ、春のコートになり、前に住んでいた下宿っぽい宿にまた泊まることができた。

この町の魅力は何だったのだろう？　碁盤《ごばん》の目のように、東西南北整然とした街並み、樹木をたくさん植えて緑あふれ、花の楽しめる公園があちこちにある美しい町なのは、ひとつの理由である。そして住んでいる人が温かく親切なのが良い。今では「そんな人いない」といわれるのかもしれないが、一九六〇年代には外国人に対してでもそうだった。第一大統領が良かった。ケネディだったんですから……。（途中で暗殺されたのにはびっくりしたが）。

いざ！　パリへ

アメリカ好きでなかったのに、半年暮らして、つらい旅もしたのに、私はすっかりアメリカびいきになってしまったのだ。でもアメリカを去るのが淋しくはなかった。何しろ、そのあとがヨーロッパ！　憧れのパリが待っていたのだから。パリ。日本人はどうしてパリが好きなのだろう？　私がパリ、パリと思うのは、私が画家の娘ということもあった。芸術の都！　といっても音楽をいうなら、むしろウィーンであろう。パリはやっぱ画！　である。美術館の数だっていくつあったのか。ルーヴルはあまりに有名だが、そんな大きなものではないが、良い画のある美術館がいろいろあった。

それらを片っ端から観て歩いて、三週間。仕事はしたくも、フランス語がろくにできないし、相手は英語では相手をしてくれないのだから、ちゃんと言いわけは立つ（立っていないかもしれないが、仕方がない）。何といっても、パリは父が行きたくて、行きたくて、でも行けなかった(旅費にできた金で家を買ったためではなかったか)町なのだ。私は代わりに行くのだという気持ちがあった。絵描きでもない私が行ったとて、何の代わりにもならないけれど、気持ちだけは、父親の残念を少しでもなぐさめてあげるつもりだった。長生きをしたから、あと何度もパリへ行ったら、そんな感激はなくなってしまい、むしろ、ウィーンやローマのほうが魅力的なように思えてきたのだが……。

町の規模ということもあるようだ。町を味わうのに、適正規模というものがあり、大きすぎると印象が希薄になってしまうのではないか、例えば東京と京都というように……。パリは東京ほどではないが、それでも、足で歩いてまわれるような町ではない。メトロののりかえがうまくできるようになって、やっとその町を自分の親しいものに感じることができるのではないだろうか。

食べ物がおいしいというのも、町の魅力のひとつであることはいうまでもない。しかしそのおいしい物へのアプローチがしやすいかどうかが問題である。自分が探して、独りで行くというのでは、いくら美食の町といわれるところに住んでも、やっぱり味気がない。

その町の住人で、いい店を知っていて、連れて行ってくれる人、これがいてこそ、美食の町の値うちがわかるのだ。となると、景色よりも食べ物よりも、良い友人がいるかどうかにかかってくる。

今パリよりもローマが懐かしいのは、そこにローマの親友イヴァンカ・コルティ*がいるからだとつくづく思えてくる。パリには良い画はたくさんあったが、懐かしい人にはめぐりあえなかったのである。

＊『忘れられぬ人々』（二〇一四年刊）一七〇～一七三ページ参照。

身の危険も感じたイタリア汽車旅行

ともあれ、パリでは労働省関係のオフィスもなく、芸術三昧《ざんまい》（?）の暮らしを三週間して、ジュネーヴのＩＬＯオフィスへと出向いた。

ここでは、「いったいどこにいたのですか?」とあきれられたので、まずかったかなと思ったが、ヨーロッパ旅行の費用はすべて自腹なのだから、あまり責任は感じず、さっさとイタリアへ向かった。ドイツからあとは、飛行機には乗らず汽車旅行をしたが、イタリアではバスという手があった。イタリアの汽車というのは一等でもないのに、コンパートメントになっていて、一人とか二、三人とかになる。一人なら問題ないが、そこへ大きな男が乗ってくると、身の危険を感じてしまうのだった。といっても生命ではないが、やたらと理解できない言葉で言いよってくるのである。その時期は私の三〇代前半、小柄で日本人は若く見られるから、二〇代の小娘に見られたのだろう。

何度もそういう目にあって、こりごりしたので、バス旅行が安全だと思ったのだった。北イタリアのバスツアーというのは当たりで、当時でも路はよく整備されており、風光明媚《めいび》だったように記憶している。ヴェネツィア、フィレンツェ、ローマと二泊ぐらいずつ、町なかはバスや徒歩で観光をした。

大の音楽好き、テレサ・キソさん

忘れられないのは、フィレンツェの観光バスのなかで、説明がイタリア語だけでわからないので、「英語でしないの」とプップツいっていたら、近くにいたアメリカ人の年配の女性が、「そうよ、ねー」と話しかけてき、なかなか感じのいい人だったので、仲良くなり、そのあとローマへ行くというので、ローマでも一緒に観光しましょうという約束をした。

ローマで私は駅前の安ホテル、彼女はVia Venetoの立派なホテルだったが、ちゃんと待ち合わせができて、一緒に観光ができた。この人、名前がテレサ・キソといって覚えやすかったし、英語がとてもわかりやすかったので、都合がよかった。何故わかりやすいのか、その経歴を聞いて、なるほどと思ったのは、長いことアメリカで中・高等学校の先生をしていて、退職金でヨーロッパ旅行にきたのだという。学校の先生の英語というのは、外国人にも聞きとりやすいものだということは、それまで経験（例えばアリス・クック教授）でも知っていた。

ローマでの仕事はひとつだけ、イタリア労働省の婦人労働問題担当課を訪問することである。

とにかく、このテレサとはすっかり仲良くなり、日本へも行くつもりだと聞き、ぜひ東京で会いましょうと約束をした。

なんとそれが翌年実現して、私が東京を案内して、そのあと今度私がアメリカへ行くときは、ニューヨークの彼女の家へも行くという話まで決めて別れたのだった。

この女性と私と気が合ったのは、ひとつは音楽好きということもあった。イタリアでは

イタリア労働省・婦人労働課長に質問（1978 年）

一緒に音楽を聞くチャンスはなかったが、オペラの話はかなりしたし、あとニューヨークへ行ったとき（婦人労働課長として出張）は、リゴレットをメトロポリタンオペラハウス（メット）の予約もしてくれてあった。それを観た夜は彼女の家（ニューヨークの郊外）に泊めてもらい、朝起きたら、彼女の唱う「ジルダのアリア」がめざましであった。

それからまた一〇年経って、五〇歳の私が国連代表部の公使としてニューヨークに住むことになったら、彼女は大喜びで、毎月定期的にメットのオペラを観にくる人だったから、月に一度オペラ座で会うことができた。

テレサ・キソさん（1973年）

三年間公使を務めたあと、日本へ帰るときは、彼女は八〇代も半ば、無理と知りつつ、また東京へ来てね、とはいったのが永の別れとなった。

でも二〇年以上続いたあの優しく品のよいアメリカの友は忘れられない人である。

第三章

ウルグアイ大使時代

ウルグアイ大使公邸（愛犬ルーシーと 1986年）

大使として暮らしたウルグアイでの三年間については、拙著『うるわしのウルグアイ——女性大使の熱い三年』（平凡社、一九九〇年）に、帰国後間もないなつかしさをこめて書いている。以後三〇年が過ぎ、しかし忘れられぬ人々は十指におよんでいる。

大使という役は、これまで経験した他の職業生活でのものとはぐっと違う種類のものなので、お会いした方々もそれに応じて、ハイ・ソサエティの人たちということになる。

サンギネッティ　ウルグアイ大統領

任国元首に信任状

まず、首都モンテビデオを訪ねられた中南米諸国の大統領。もちろん、最初にウルグアイ自体の大統領。

大使として赴任して最初の公的行事、それは任国の元首に信任状を提出することだから、着任草々のある日、正装（アフタヌーン・ドレス）して大統領官邸に行き、信任状を手から手へお渡ししたあと、「日本大使として、貴国との友好のために全力をあげて尽くします」と大統領に向かって述べる公式の挨拶をするのである。

したがって、真っすぐに大統領のお顔を見るわけで、これがフリオ・マリア・サンギネッティ大統領との初対面であった。上背・横幅ともに大きく、日本人としてさえ小柄な私から見れば巨大な岩山のようで、眼光も鋭く、なかなかの人物というのが第一印象だった。

ウルグアイ・ラウンドの開催

特別な案件がなければ、大使が直接大統領とお話をするチャンスはないのだが、私の場合、それは、日本の外務大臣のウルグアイ訪問という事態が出てきて、外相の大統領との会見には当然自国大使が随行するから、私が倉成外相をサンギネッティ大統領府へご案内する役を担うことになった。

何故、この時期（一九八六年九月）に、日本の外相がウルグアイを訪問されたのかは、その後ウルグアイ・ラウンドと呼ばれることになるガットの閣僚会議が、ウルグアイ国随一の海浜観光地のプンタ・デル・エステで開催され、世界の貿易の進路を決める多角的交渉が二週間にわたって繰り広げられたからである。

大使としての最初の仕事としてはかなり大きなもので、緊張したことはたしかだった。しかし、サンギネッティ大統領と倉成外相の初対面で交わされたジョーク。

ウルグアイには松の木はたくさん生えているが、みな黒松である。一本だけ、赤松があり、それは日本大使であるというのだった。これは覚えやすいから、外相はすぐ活用して、この人がそれですと私を紹介するのを得意とされた。

この大統領も、倉成外務大臣も今は鬼籍に入られたが、新米大使時代の忘れられぬ人である。

アラン・ガルシア　ペルー大統領

次にお会いした大統領は隣国から、モンテビデオを訪問されたペルー大統領だった。この方とは、あの方が、アラン・ガルシア大統領ですよと、秘書官にいわれて、少し離れた場所から眺めただけだったが、身体が大きく堂々としていて、おまけにスーパーハンサムだったのが印象的であった。ただとても若く、これで大統領が務まるのかとネガティヴな感想をもったのも、事実である。

まだ着任したばかりのときだったので、国賓に近づいて親しく挨拶するといううまみを味わうことはできなかった。

アルフォンシン　アルゼンチン大統領

次に印象に残っているのが、川一つ向こうのブエノス・アイレスから来られたラウル・リカルド・アルフォンシン・アルゼンチン大統領だった。このときは着任後一年近く経っていて、かなり大使慣れがしていたので、しっかり観察できた。この方はおだやかそうで、見た目もよく、何より握手の上手な方という印象だった。

西洋人にとって握手というのは、子どものときから習うより慣れた習慣だから、誰でも上手といえばいえるわけだが、それでも、つまらないのもあれば、心に残るいい握手もあるものなのだ。アルフォンシン氏の手は大きく（背も高かった）やわらかで、こちらの手を丁寧につつみこんでしばらく握っているという風情《ふぜい》で、とても感じの良いものだったことを三〇年以上経った今でも覚えているくらいである。

大統領の実妹との交友

この方の実妹（セニョーラ・アルフォンシン）が、この時期ＣＥＤＡＷ（国連・女子差別撤廃委員会）の委員になって、私の同僚となり、ニューヨークやウィーンで隣に座ることになった（同じＡではじまる姓だから）ので、なるほど名家の出身なのだと思った。

個人的な旅でアルゼンチンを訪問したとき、このセニョーラが自分の別荘へ招待してくれ、小さいが川に沿った良い場所にあったこと、その川岸には、ずらっとアルゼンチンの金持ちの別荘が立ち並んでいたことが記憶に残っている。

この兄妹、お二人とも気持ちの良い方で、南米の良い代表として忘れられない方々である。

アリアス　コスタリカ大統領　他

中南米の大統領でモンテビデオを訪問した方はあと二人。コスタリカのオスカル・アリアス・サンチェス氏と、エル・サルバドルのナポレオン・ドゥアルテ氏である。

アリアス大統領は、当選直後だったが、小柄な方でおだやかでおとなしそうな方とお見受けしたが、これより後、中米諸国間の戦争を調停した功によって、ノーベル平和賞を受賞したことを考えると、筋のきちんと通った方だったのであろう。

ドゥアルテ氏のほうは、ナポレオンなどというすごいお名前が印象にあるだけで、お会いした記憶も残っていない。

最後にこれは遠いフランスから、はるばるミッテラン大統領の訪ウルグアイがあった。

花のパリからの賓客というので、期待に胸をふくらませて、スピーチを聞きに出かけたが、雄弁というにはほど遠い感じ（フランス語だから内容はよくわからずで失礼）で、愛想も悪いので、びっくりして、知人のフランスびいきの人に聞いてみたら、あれはダメ、面白くない人、とコテンパン。

そういうこともあるのかとびっくりした点で忘れられない人である。

イグレシアス　ウルグアイ外相

野党からの抜擢

国のトップではないが、外交という重責を担う外務大臣にも何人かお会いした。まず任国のエンリケ・イグレシアス外相。一九八六年、ウルグアイは軍事政権から脱して初の総選挙で二大政党のひとつコロラド党（color のある党つまり赤い党の意味で、ブランコ〈＝白〉党に対する党）が勝って政権を握ったとき、サンギネッティ ウルグアイ大統領はコロラド党の党首であったが、外交を重要視して、外務大臣に野党から、とくに要請して迎えたのが、イグレシアス氏だった。

中南米銀行の重役として、チリで働いていた同氏をぜひにと呼びもどしたくらい大変な人なのだともっぱらの評判の人だった。

私が親しくなれた最初のウルグアイ要人といえる人だが、英語が流ちょうで、他の要人がスペイン語しか話さない人が多いなかで、私が困らないでつきあえる点が、まず助かった。この国へ赴任するとき、スペイン語の勉強を始めたばかりの私が、不安を述べると、外務省の方々は、「なに、みんな英語ができるから大丈夫ですよ」と安請け合いをされたのに、行ってみたら、英語などロクに通じない国だということがわかり、びっくりするやら、困るやらだったのだが、さすがに外務大臣は英語が達者であった。

大の音楽好き

さらに良かったのは、この方が大の音楽好きで、モンテビデオの音楽会にはほとんど欠かさず現れるという点でも、私と共通点があった。私が赴任して間もないとき、外務大臣からのお使いが「オペラ友好協会」への加入をすすめに大使館へやってこられた。

ウルグアイ経済が繁栄していた頃は、首都のソリス劇場ではシーズンには毎週のようにオペラ公演があったという話で、その時代を懐かしんだイグレシアス氏が、外相として経済政策を頑張ると同時に、文化の面でも活力を与えたいと力を入れていることがわかり、私もできるだけの協力をしたいと考え、任国の物価からいえば、かなり高いと思われる会費をさっと払ったのであった（大使の給料からみれば安いものだったが）。

イグレシアス ウルグアイ外相（中央）と

この方とのもうひとつの共通点は、どこへ行くのも配偶者同伴でないということだった。私は単身赴任、彼はシングルなので……。ウルグアイはヨーロッパ風の慣習が確立しているので、たいていの人は、音楽会でも他のパーティーでも、夫妻同伴で行くのが普通である。各国からきている大使たちももろちんそうしておられるから、独りで出かけて行くのは、多少気がすすまないこともあるが、「外務大臣も独りだから、平気、平気」と気持ちをひきたてるという場面もあった。

独身といえば、閣僚でただ一人の女性だった文部大臣もシングルの方だった。この方は私より年長で六〇代になっておられたが、有名な弁護士で、軍政時代に、人権侵害にあっている人々を守るために、勇気ある活動をしたということで、大変人望があった。一人でも閣僚中に女性がおられたのは、私にとってとても頼もしくありがたかったことを記憶している。

シュワルナゼ　ソ連（ロシア）外相

ウルグアイ大使時代にお会いした他国の外務大臣は、何人であったか、数は覚えていないが、そのなかで忘れられない人といえば、ウルグアイのイグレシアス外相を除いてはソ連（当時）のエドゥアルド・シュワルナゼ外相である。

遠来の客を迎えて

ロシア人の男性は、興味深いことにキッパリ二種類に分かれるように思える。片方はズングリ大きくて、赤ら顔で、熊みたいというタイプ。もう一方は、色白で金髪、すらりとしてとてもイケメンというタイプ。あとのほうがチャーミングなのはいうまでもないが、少数のようである。そこで、ウルグアイ訪問をしたシュワルナゼ氏は幸いにもあとのほうのカテゴリーであった。

当時はまだ冷戦のさなかであったから、ラテン・アメリカの小国をソ連の外相が訪問するのはめずらしいことだと思われたらしく、モンテビデオの新聞では大きくとりあげ、写真入りで紹介をしていたので、私もこれは一見に値するゾと待ち望んでいたのであった。

遠来の客を迎えて、イグレシアス外相は、首都随一のレストランでランチオンを主催したが、招待客のなかに日本大使（＝私）も入れられており、そのうえ、主客の座る席の近くに座らせていただけた。

スーパーハンサム外相のそばに座って

これは主催者の考えで、日本国の大使が女性であるので、選ばれたようであった。このイグレシアス氏は独身なので、ホステスがおられず、駐ウルグアイ大使のなかで女性は二人だけなので、私は、外相の隣りに座ることはときどきあった。気が張って閉口ということも多いが、このときは、スーパーハンサムのそばの座席というのは悪くない話であった。

幸い、シュワルナゼ外相は英語を不自由なく話されたので、私も張り切って会話をもりあげるよう努めたのだった。

ソ連で二人目の女性大使を任命した外相に

前もって研究しておいて良かったが、ソ連は革命後すぐ外交に力を入れ、レーニンが女性の大使を任命してスウェーデンに送り出していた（かの有名なコロンタイ女史）。以後途絶えていたのだが、この直前に、シュワルナゼ外相の人事で、女性をスイス大使に任命したということがウルグアイの新聞に出ていたのだった。

これはいい話題だと私はカンが働いて、「外相が久しぶりに女性大使を出されたことを知って私は嬉しく思っています。世界で最初の女性大使を任命されたのはレーニンでしたが、ソ連で二人目の女性大使を任命されたのが貴大臣ですね」と他の人にも聞こえるように話しかけた。シュワルナゼ氏はにっこりして、「そうなんです。よくご存じですね」と答えが返ってきた。

この会話が成功だったことは、そのしばらくあとで、駐ウルグアイ・ソ連大使と話をしたとき、彼が、外相が「自分が女性大使を任命したのは良かった。日本の大使から認められた」と喜んでいましたよ、と教えてもらったのでわかった。

あの素敵だった外務大臣も、政権が変わってどうなられたであろう。今は遠い思い出となってしまったが……。

第四章
文化人・芸術家の友

2001年頃

神代和欣《こうしろかずよし》氏

英会話で学友に

イギリスかアメリカか、どちらでもいいから、とにかく日本を脱出したいと思いだしたのは二〇代の終わりぐらいからだったであろう。

労働省での仕事は中だるみの時期で、退屈。家庭生活は、子どもが（小学生）学齢期になって、何とかまわっていく様子。このままでは人生あまり面白くなさそう……。国際的な仕事に就きたいという希望はずっともっていたが、それには語学力が今いちのようだ。

夫は一足先にドイツに留学中だから、帰国したらバトンタッチをして、私が外国へ行こう。

そのためには、英語とくに英会話の力を向上させる必要がある。学校での勉強ではなく、個人教授でないと限界が見えている。といってもまったく一対一で会話というのもつらい。

いろいろ考えて、ネイティヴのイギリス人のところへ、留学希望の三人で一緒に週一回（二時間程度）通うことにした。三人のうち二人は日本労働協会（新設の労働省の外郭団体）の研究員。あとの一人は、もちろんわたくしである。

学友となったのが白井泰四郎氏と神代和欣氏で、もとはといえば飲み友だちとして気の合った仲間であった。白井氏のことは、すでに『忘れられぬ人々』（ドメス出版、二〇一四年刊）でとりあげているが、いちばん若かった、そして身体強健そのものであった神代氏が、まだ八六歳で急逝（二〇一八年一一月）されるなんて、と今一人残された私は、つらい悲しい思いをしている。

八六歳は男性の平均寿命を五歳も越えているではないかって？　いえ、白井氏は、身体こそ大きかったが、肺結核の後遺症をもっていながら、九四歳の天寿をまっとうし、私はヒヨヒヨ弱かったのに、今九〇歳を間近にして、ちゃんと独り暮らしをしているのだ。

神代氏はいちばん若く、優しくゆきとどいた配偶者にも恵まれていたのだから、九〇歳ぐらいまでは、生きてくれなければ義理が悪いのではないですか……。

数えきれないほど一緒に食べ、かつ飲んだ経験があるが、いちばんたくさん食べ、かつ飲んだのは疑いなく神代君だった。アメリカへ行ったのもいちばんあとだったでしょう。

今頃、あの世で白井さんと、英会話の勉強にイギリス人の老女性のところへ三人で通っていた頃のことを思い出して、話し合っていませんか。本当に魔法使いのオバアサンそっくりでしたね。ネイティヴだから英語が話せるのは当たり前だとして、話題がないのには閉口だったけれど、「帰りに一ぱい」というのがついていたから、不便な西武新宿線中井駅まで通ったのですね。たしか新宿西口の「菊正」が定番で、もっぱらコップ酒だったたっけ。

年下のボーイフレンド

日本労働協会勤務のあと、母校（横浜国立大学）へもどられ、経済学部教授として、さらに学部長、大学院教育科長として、さらに放送大学教授として、長きにわたり業績をあげ、多くの著書を出された神代氏を偲ぶことにふさわしい人は数多くおられるだろうが、私にとっては、年下の気楽なボーイフレンドだった神代君は、二〇代の頃がたまらなく懐かしい男性である。

横浜という町、縁があるようで、あまり深くないのか、年に何度かは町なかをタクシーで通るのに、ゆっくり散歩するとか、食事をするとかの機会がない。近頃、趣味になったクルーズの船が横浜港から出入りするので、東京から、または横浜駅からタクシーで横浜港まで行く。これは年に一、二回。あと、鎌倉へ遊びに行くのに横須賀線で横浜駅を通る。もうひとつ関西方面へ行くのに新幹線で新横浜駅に停車する。と種々あるのに、近頃はいつも素通りしている。

これは白井さんというパワーフルな先輩がいなくなってからなのらしい。白井さんという人、大変なグールメで、ずっと独身だったから、一緒においしいものを飲んだり食べたりする友だちが必要だった。彼は神代君を弟のようにして、年じゅう一緒に歩いていた。二人だけの食事ではやや淋しいから、私や元夫が一緒という機会が多くなっていた。

場所は東京よりも横浜中華街が多かったのは、彼と神代君が横浜住まいだったのと、その安い店の味が気に入っていたせいであった。ドリンクはもちろん紹興酒、その頃はラオチュー（老酒と書くのか）と呼んでいた。帰りは元夫の運転するコロナ（トヨタの小型車）で、京浜国道を飛ばしていたが、彼は酒の飲めない人だったので事故を起こしたことはなく、白井・神代グループとは長く楽しいおつきあいができた。みんな少壮の元気の良い学者だった。

七〇歳で結婚した白井泰四郎さん

長く独身でハンサムなので、気をもまされていた白井さんは、七〇歳の声をきいてから結婚、というのでびっくりしたが、お相手は若い頃からの親友だった方の「未亡人」ということで、その友人が亡くなられるときに、細君は自分が面倒をみてあげるから心配するなと約束したのだという。それで何年かたったあと、結婚し（すでに両方とも七〇代）、あと二〇年も一緒に暮らされたのだとか。

最後は同じ老人ホームに入って枕を並べておられた。一度お見舞いに行った（神代氏に案内してもらって）が、清潔なちゃんとした、良い施設の様子だったので、ホッとしたことを記憶している。

親友との約束を果たし、天寿をまっとうされたのだから、ご立派！　めでたし、めでたし。

米倉斉加年《よねくらまさかね》・テルミ夫妻と「四輪車」

友だちがほしい!

三〇代前半、私はアメリカを振り出しに、世界一周の研修旅行を終え、日本へ帰ってきた。後半には英語もかなりできるようになり(前半はとくにヒアリングにひどく苦労した)、ホームシックもどこかへ消え、独り旅を淋しいとも思わずエンジョイできたのだったが、時がくれば、また東京での勤務にもどることは不可避であった。

それは国家公務員としては「中だるみ」の時期で、管理職としての判断力も不必要で、変化に乏しく、うんざりという日々が多かった。そこで思ったのは「友だちがほしい!」

だった。どんな時期にでも良い友だちは良いものだが、仕事が面白くなく、興味ある旅からも離れ、エネルギーはたっぷりあるようなとき、友だちはとても、とてもほしいものだった。

「四輪車」のこと

それもいろいろな職業、ジャンルの違う人があるとより嬉しいと感じていた。幸い、三〇代にいちばん親しかった友人は「四輪車グループ」、画家、映画監督、劇団マネージャー（そして官僚＝私）と多種にわたっていた。

そして劇団のマネージャーというのは、青年芸術劇場の俳優を夫にもつ、貧しく、若く、明るい美女・米倉テルミさんだったから、夫である人ともつきあう機会ができた。

無名の若手俳優　米倉斉加年氏

今は亡き米倉斉加年氏がその人だが、そのときはもちろんまったく無名の若手だった。特徴ある風貌《ふうぼう》（はりでたあご）、ややしわがれた声と独特の節まわし、あんな大スターになるとは思っていなかったが、なかなか魅力のある俳優だとは思っていた。

米倉斉加年氏

　私の友のテルミさんと彼とは幼なじみで、彼が演劇への想いやみがたく、福岡から独り上京して劇団民芸に入ったあとを追って上京。しばらく、兄さんの勤める大学の事務員として働いたあと、まだ海のものとも山のものともわからぬ俳優（の卵）と結婚し、夫は収入がないので、劇団のマネージャーとして働き、生計を支えたという（その実、母君からの援助があったのは確実らしいが……）。

きっかけは働く母たちの座談会

私と米倉テルミさんとの出会いは、半世紀以上前になる（それほど長い友なのだ）。今もなお健在な『女性展望』（現〈公財〉市川房枝記念会女性と政治センター発行、当時は『婦人展望』）という雑誌の編集をしていたもろさわようこさんが、ふとひらめいた企画に、働く母の頑張る姿を集めた座談会があった。当時三〇歳前後で幼児をかかえ、仕事をもって頑張っている女性数人を集めて、座談会をし、その記録を雑誌の目玉にしようと考えたのだった。

メンバーは米倉テルミ、樋口恵子、赤松良子（とあともう一人いたか）だったと記憶しているが、当時まだ売り出し中の新人たちで、お互いに面識はあまりなかった（樋口さんと私は大学の同窓会で顔見知り程度だったが）。座談会自体も成功だったようだが、初対面だった相手が、たいそう美しく感じの好い人だったので、あとはただ「さよなら」というのは惜しいと思い、連絡しあえるよう勤務先や電話を確認して別れた。

大谷久子さんとの出会い

これは「当たり」であった。テルミさんは、それまでにつきあっていた友人たちとはまったく違うジャンルの人で、しかも私と同年齢の男の子を育てながら働いている。生活は貧しいが、未来は明るい（少なくとも本人はそう思っている）。九州の女子大を出て上京したてだから、純なところがあって好ましい。時折会ってコーヒーなど飲んでいる頃、彼女がひどく熱心に自分のとても敬愛している年上の女性を紹介したいといい出した。

北海道出身の絵描き（行動美術協会の会員）で大谷久子という人である。とても素敵な人だから、ぜひ会えと私に迫った。私は何しろ絵描きの娘だから、それはいいと思い、食事を一緒に（三人で）したのだった。

テルミさんが絶讃するだけのことはあって、この女性は大した人であった。上背も横幅もたっぷりあって声も大きく、主張がはっきりとしていて、気取りがなく、そして大変な

「四輪車」左から米倉テルミ、大谷久子、赤松（1978年）

「四輪車」左から大谷、藤原、赤松（上野公園）

読書家だった。私の友人はだいたい頭の良い人だったが、この人の良さが一味違っていたのは、芸術家気質《かたぎ》の裏づけがあったせいであろう。好きなものは大好き、嫌いなものは見たくもない、そして議論好きで、かなり強引な熱弁をふるう人。そして何より人情にあつく、貧しく美しいテルミさんを守り、子育てを親身になって助けてくれていた。

それだから私も息子を連れて、彼女のアトリエへ行き、同じ状況のテルミさんの息子たちを遊ばせておいて、三人でオダをあげていた。これに被害を受けたのは夫たちで、女性たちがそろって酒豪なのにひきかえ、私の元夫も、米倉斉加年さんも酒のみでないから、指をくわえて見ているという感じであった。

まだ世に名の出る前の少壮気鋭の頃である。

映画監督・藤原智子さん

そのうち、もう一人女性の仲良しが現れた。その人も息子が一人、かなりの酒のみ、仕事は映画関係、のちに立派なドキュメンタリー映画の監督となった藤原智子さんである。これで長きにわたった「四輪車」グループが立派に（他人《ひと》迷惑であっただろうが）、そろったのであった。大谷さんは、他の三人より一〇歳近く年長だったので、貫禄があり、その一家言が重んじられていた。次が私、三番目が藤原さんなのに、二〇一八（平成三〇）年五月に逝ってしまわれた。いちばん下がテルミさんだが、近頃、体調がすぐれないので、淋しい限りである。

「良い友だちをもつことの唯一のマイナスは『彼女たちがいなくなったら、さぞ淋しいだろうなあ』と不安な気持ちにさせられることである」と私は昔エッセーに書いているが、それが現実のものとなってしまった。

「長寿とは、親しい人にどんどん先だたれてしまうことなのだ。人はめでたいというけれど」と私と同年の詩人がいい、『九十歳。何がめでたい』と佐藤愛子さんが書いた本がベストセラーである。

そして、その九〇歳に、今年八月二四日に私はなる。

芸術監督　若杉弘氏

私は芸術家（洋画家）の娘として生まれた。幼少の頃は、まわりには芸術家といわれる大人がいっぱいだった。自分自身の職業としては、まったく異質の国家公務員という堅い仕事に就いていたが、友人には画家あり、演劇関係（新劇俳優）あり、ピアニストあり、声楽家あり、と芸術家に不足しなかった。

オペラハウス　びわ湖ホール

そのなかに「忘れられぬ人々」がいて当然だが、とりわけ一人、芸術家らしい方で、そのことを楽しく思っておつきあいし、たまには「これは大変！」と気をつけた方がおられた。びわ湖ホール・芸術監督だった若杉弘氏がその人である。

びわ湖ホールとは知る人ぞ知る、風光明媚《めいび》の湖畔に建つわが国有数のオペラハウスである。一九九四（平成六）年夏、私が文部大臣を辞めてまもない頃、滋賀県知事から、県が壮大な音楽ホールを建設するので、その館長になってほしいとの要請があり、音楽好き、とくにオペラ・ファンの私は、ホイホイと引き受け、毎月何回か東海道新幹線で京・大津へと通うことになった。

その仕事の最初の大問題は、新設音楽館の芸術監督を誰に？　ということであった。オペラハウスの建物のほうは、着々と進んでいるから、きっとデザイン通り立派にできあがるだろう。しかし芸術監督に人を得なければ、つまらないハコにすぎないものになってしまう恐れがある。誰しもそれがわかるから、関係者はみな知恵をしぼってヒトを考えた。

滋賀県知事の要請で（1998年）

そしてひらめいたのが「若杉弘」という名前だった。すぐれたオーケストラ指揮者として世界的に知られた人である。

たしかヨーロッパのあちこちの町の立派なオーケストラでタクトを振り、その名はかくれもない音楽家である。だが、その人は日本に居られるのか？　お年はいくつなのか、健康なのか、大津に定期的に来ることが可能なのかｅｔｃ。

就任要請という大役

オペラハウスはまだ完成していないが、事務局は県庁内にちゃんとあり、優秀な職員が常勤していたから、疑問点はきちんとクリアし、残るのは本人にお会いして、正式に就任を要請することである。

その仕事を館長になった私がすることになり、在京中の若杉氏とホテルオークラの一室で会見をした。こちら側は、びわ湖ホール事務局の責任者（県副知事クラス）上原恵美さんと男性職員一人と私、先方は若杉氏お一人だったと記憶している。上原さんは企画に最初から参画し、予算にも明るい人だったから、全体の構想をそつなく説明し、私はこのホールにかけた自分の夢なども語り、ぜひ芸術監督を引き受けていただきたいとお願いした。

そして、その甲斐あって、若杉氏がＯＫをし、ホールの完成後すぐ、芸術監督に就任されたのだった。細かい条件などは忘れてしまったが、彼のサッソーたるエンビ服の後ろ姿はとても魅力的だったことは、忘れられない想い出である。

頑固なハイボール党

演奏前後に、スコッチ・ウイスキーのハイボール（これはやや流行おくれで、もう水割りの時代だったのだが、彼は頑固なハイボール党だった）を飲みながらの雑談は、彼の豊かな教養に助けられて、得がたい味わいがあった。

物理学者　米沢富美子氏

今年（二〇一九年）になって、一〇歳も年下の親しい友に亡くなられ、悲しい想いをしている。有名な物理学者の米沢富美子さんである。

私は優秀な方を何人も友人にもっているが、天才という人は、考えてみるとこの人一人ではないかと思う。天才など世の中にめったにいるものではないから、当然のことである。

『自伝』で触れた人間性

物理学というのは、私のまったくの専門外の分野であるから、彼女の業績の偉大さについて、具体的には全然わからない。彼女の自伝『人生は、楽しんだ者が勝ちだ』（日本経済新聞出版社、二〇一四年）を読んだが、そこのところはやっぱりわからなかった。そこがわからなくては、米沢さんを理解したことにはならないのかもしれないと思うと残念だが、しかし彼女の人間性にはたっぷり触れて魅力を感じたのだった。

もう一人、日本一の同時通訳（と私は思っている）の長井鞠子さんと三人、ばかに気が合って、同じ電車線（地下鉄南北線）で会える便宜から、南北シスターズと名のりをあげて、親しい仲になった。武蔵小山の米沢氏の自宅へもおしかけて、彼女の勉強部屋も見せてもらった。そこで驚いたのは、何年も前に亡くなられた夫君の遺骨が、四角い箱に入れ白い布で包んで、デンと置いてあったことである。だんだんにわかったが、この天才学者は亡夫にメロメロだったのだ。骨でもいいから、そばに居てほしい、遠くのお墓なんかに行かないで、と一緒に住んで居たのである。

研究と育児の狭間で

幼い頃、お父上に死に別れ（戦病死）、頼りになる男性がほしかった彼女にとって、とてもふさわしい立派な夫君だったのだと想像しているが、育児への協力は全然しなかったと書いてあるのには、いささか抵抗をおぼえた。そして、研究と育児の狭間で悪戦苦闘するなかで、三人の児をもったというのもちょっとどうかと思わずにいられない。もっと早く友だちになっていたら、何かアドヴァイスしたかったのに、と感じた（余計なお世話といわれるか?）。これに天才にありがちな常識のなさというのが、これに限らず、ときどき感じさせられる友ではあった。

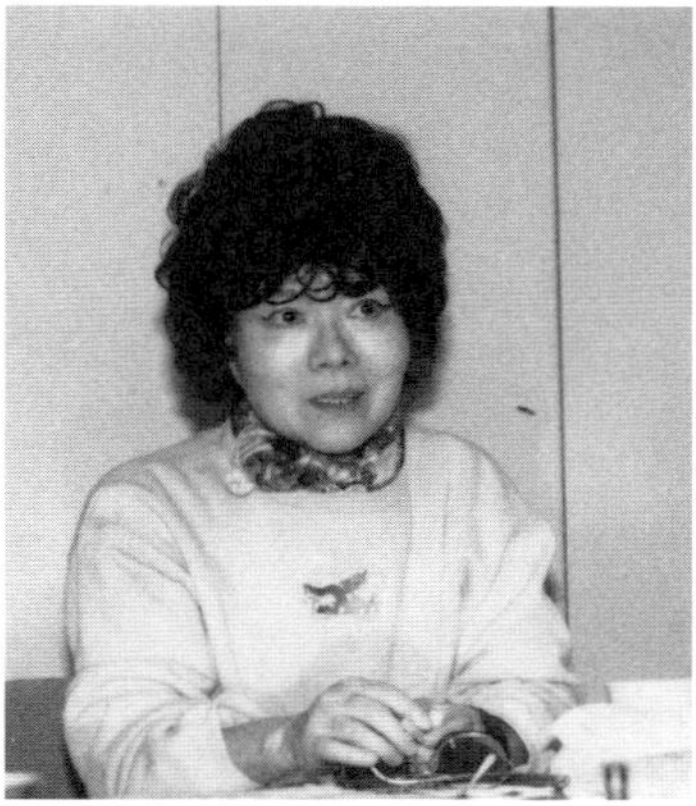

『女性展望』の座談会で（2001年）

彼女の生まれが大阪府吹田《すいた》市とあっては、ふるさとは近いと感じた。私の生まれは大阪市内（天王寺区）だが、大阪府高槻《たかつき》市に仲の良い叔母の家族が住んでおり、私は小さいときからその家へ遊びに行くのが楽しみだった。大阪から京都へ行くJR（当時は国電または省線）に乗って高槻へ行く途中に、茨木という駅がある。彼女の通った茨木高校の前身の茨木高等女学校は、従姉の母校であった。

「フーン、米沢さんはイバ女《じょ》かあ」などと、親類のような気がしたものである。そして二人で話し合うときは、あたりかまわず大阪弁で大声で話をしたものだった。

あげつづけてほしかった戦争反対の声

天才というのは長生きはしないものなのか、オヤ、八〇歳というのはそれでも長生きなのかしら、何にせよ、彼女は大好きだった夫君のマアちゃんのところへ逝ってしまった。

本業のほうはすでに十分業績をあげられたのかと思うが、あの戦争反対の声はもっと続けてほしかった。

彼女の戦争嫌いは、父上をとられた恨みがこもっていて、ハートからの叫びであった。今また戦争好きな人が増えたと感じる世に、ぜひ存在していてほしい人だったと、口惜しい思いでいっぱいである。

女性初の県庁課長　加藤富子氏

戦後の学制改革のなかで

戦後学制改革の大きな目玉として、帝国大学の女性への開放があった。わが国の最高学府は創立以来、女性の入学を認めていなかった（東北帝大と九州帝大とは、聴講生としての入学を認めていた）。

敗戦し、民主主義の流れのなかで男女共学が推進され、すべてのレベルで女性に門戸を閉じていた学校に、女性の入学を認めることが国から要請されることになった。その効果は大きく、高い学歴をもつ（男性と同程度の大学卒）女性の数は飛躍的に増えた。

旧制大学の時代は、大学入学の条件として、旧制高等学校の卒業ということがあり（一高から八高までのいわゆるナンバースクールと静高とか浦高とか高知高とかの旧制高校）、ここへは女性が入学できなかった。旧制大学へ入るには、旧制専門学校卒業という方法があった。（私は津田塾専門学校を出て、東大へ行ったし、同級生には女高師や女子大という名の専門学校卒業のかたがいた）。

輩出したパワー溢れる女性たち

新制大学時代になると、旧制高校というものは存在しなくなり、新制高校から直に大学へ行くというコースが設立された（旧制は小学校六年、中学五年〈四年卒も可〉、高校三年、大学三年。新制は現在の六・三・三・四年）。その結果、大学へ進む女子の数は、旧制時代より飛躍的に増えた。しかし制度開始当初はまだ少なく、文学部以外は五指で数える程度にすぎなかった。その時代つまり、新制東京大学の法学部、経済学部一回生からはパワーのある人々が輩出した。日本近代女性史にその名をとどめる人々である。

なかでも、法学部の加藤富子氏、経済学部の影山裕子氏は、私にとっても忘れられぬ人である。私は旧制最後なので、その方たちとは卒業が一年違いであった。年齢は影山さんは三つ下、加藤さんは逆に少し上だったと記憶している。二人ともエネルギーに溢れ、元気の良い方だったのに、日本女性の平均寿命にも届かぬ若さで亡くなられたのは惜しみてもあまりあることだったと痛感している。

女性初の上級職の地方課長として

「竹を割ったような」という表現は、男性についていうのかもしれないが、私は加藤さんについてあてはまるような気がする。良いことは良い、悪いことは悪い、好きなものは好き、嫌いなものは嫌い。すっぱりと疑いがない。実に気持ちの良い人だった。でも考えてみれば、それだけであの仕事ができたはずはない。日本で初めて女性が県庁の課長になった歴史上の人物である。

一九五四（昭和二九）年、東大法学部を卒業（新制大学一回生）。自治省に採用。翌年千葉県庁に出向、隣席にいた鹿児島事務官と恋に落ち、間もなく結婚。自治省にもどり、一〇年足らずで富山県の課長に昇進。

これは日本で初めての女性上級職の地方課長就任としてニュースになった（労働省から地方課長として女性が出るのはだいぶあとである）。本省にもどって課長補佐を務めた後、自治大学校教授となる。大学で経済学を教えて経験を積み、自治省を退いて千葉経済大学大学院の教授として、引きつづき経済学を研究、指導した。

このように一貫して自治省、経済学の道に生きた人だが、余力をもってＮＧＯ部面でも活躍し、人脈を拡げた。

まず、東大卒の女性のネットワークを作ろうという動きの中心の一人となった。旧制東大の女性卒業生は、先述のような事情でごくわずかだったが、新制になると増えたが、それでも就職できたのは国家公務員と新聞記者以外にはほとんどみられなかった。男女雇用機会均等法ができる三〇年も前のこと、日本の企業には、女性を幹部採用しようという気持ちなど起こりようもなかった時代である。

文学部の卒業生は数は多いが、もともと学校の教師以外就職するあてがなかったのか、（少数の新聞記者以外は）先生になった人がほとんどだったように記憶している。

同窓会・さつき会の発会に尽力

とにかく女性が東大を出るようになって一〇年が経ち、あちこちで（限られた職場ではあっても）業績をあげ出して余裕もでき、仕事以外に活躍する場所を欲《ほっ》して集まったとき、ひときわ行動力のある人がいた。法学部卒の加藤富子さんと経済学部卒の影山裕子さんである。このお二人は学部は違ったが仲が良く、二人が中心になって仲間を集め、立派な同窓会を発足させるのに成功した。さつき会、一九六〇年六月のことである。私もおよばずながら、旧制の友人たちを集める協力をし、良い会ができたことを喜んだ。

発会式には、大学総長の南原繁先生にも出席をお願いし、快諾をいただいた。先生はそれ以後もこの会に好感をもってくださり、勉強会のような会でお招きしても、お出でくださるような関係が続いた。あんな立派な方のすぐそばに座って司会をしたりする経験がもてたことは、その後の私の仕事のうえで、自信のようなものになっていったと思う。

さっき会についで、加藤さんと協力できて良かったのは、「国際婦人年（International Women's Year）」とつづく「国連婦人の十年（Decade for Women）」であった。この歴史的な時期、日本の女性はいろいろな形で声をあげ、活動をした。この時期のことについては、すでにいろいろなところでとりあげられているのでここでは省略する。

突然の死

加藤さんについて、思いがけない面があったことを思い出して、書いておきたい。若い頃、鹿児島氏と恋愛結婚されたことは先述の通りであるが、そのあとずっと仲良く（お子さんは無く）暮らしておられた。

あるとき（かなり経ってから）彼女が、夫君のことを思いながら、私にもらされた言葉が「家へ帰る道で、彼のことを考えて、今から会えると思うと胸がどきどきする」というのである。私自身も恋愛結婚だから、経験がないことはないけれど、中年過ぎて（私の場合は子どもがあった）、そういう実感があるのは羨ましかったことが記憶にある。

そして、その素敵だった鹿児島氏は、愛妻が突然亡くなられたあと（食卓で向かいあって話し合っていたときに、パッタリ亡くなってしまわれたのだと聞いた）、彼女の残された文書類（ものすごく大量で混乱をきわめていたとか）の整理を一年がかりで片づけ、それが済んだ直後、自ら命を絶って、あの世へ逝かれたのだという。七〇代前半の若さで、あんな優秀な方が、惜しみて余りあると思う一方、そんなにも愛しあっておられたのかと、喜びたい気持ちも感じるのだった。

志は高く　影山裕子氏

立派な自伝『わが道を行く』（学陽書房、二〇〇一年）を残しておられるから、それによって、彼女の立派な人生を思い出すことができるが、実際のその活躍ぶりを見ていた者としては、いささか感想をもっていることも否定できない。

北海道札幌市の生まれ、高校は長野県の有名な松本深志高校を出て、東大を目指した。この時代、そんな女の子はめったにいなかったのではないか？

私と一年しか違わないからわかるのだが、私は東京の津田塾専門学校から東大なので、同じコースの先輩がいて、あとに続くという感じだったが、東京へ行くときは大決心であった。親元を離れて上の学校へ行くというのは、男の子なら良いぞ、といわれるが、女の子については「えーッ？」という感じなのだった。

でも戦後民主主義の開明期、元気の良い女の子は出てきていた。影山さんは明らかにその一人。なかでも超がつく元気さであった。

男女差別に抗して

男子と差別されないはずと信じた職場＝日本電信電話公社（当時）へ入社、おおいに業績をあげた。職場の同僚と恋愛結婚し、一児を得て、アメリカ留学（フルブライト）まで果たした。どこにでもあった女性差別は、公社にもやっぱりあったから、彼女はこれをなくすには、日本全体でなくさなければならないと、決意したという。その志やまことに壮《そう》というべく、真正面からたたかいを挑んだ。

全盛期の彼女は、大蔵大臣の田中角栄（のちの首相）と座談会でわたりあったり、総理府（現在の内閣府）に国際婦人年にできた婦人問題企画推進本部の参与となって、国の女性政策に対し発言する。次には、「日本有職婦人クラブ（ＢＰＷ）」の全国連合会会長になって民主婦人団体の有力メンバーとも交流するという万華鏡《まんげきょう》のような働きをした。

一方、独り善《よ》がりだとか、強引すぎるとかという批判もあちらこちらにあった。これは有名税というべきもので、急に成功すると起こりがちな現象であろうが、頑張り過ぎてか七〇代で逝かれた今となっては、欠点は忘れて、日本の女性の地位向上のために捧げられたその努力を讃えたいと思っている。

あとがき

九〇歳の誕生日の出版をめざして書いてきた『続々 忘れられぬ人々』を書きおえることができた。「続」を出して二年が経っており、その間に亡くなられた人と三〇代前半に海外研修に出かけたときなどにお世話になった欧米の方たちのことが中心になっている。

この経験が私の人生にとって実に大きなものであったことは、半世紀以上経って思い出しても、なおよみがえってくる。これがなかったら、後半生のアメリカでの国連代表部公使の仕事、さらにウルグアイでの大使の仕事もできはしなかっただろうと思える。

日本だけに住んでいたのでは、とても知ることのできない人々のさまざまな生き方に接し、なかでも友人というものの存在を生活のなかに大きく位置づけていることは、家族のなかに埋もれて、外を見ようとしないか、したいと思ってもそのチャンスに乏しいかという日本人とは違うと感じた。

幼い頃から、私は外国に興味があり（父が洋画家だったことも影響しているか）、少し長じてからは、国際的な仕事をしたいと思っていた。労働省での仕事がなかだるみになっていた時期（一九六〇年代）、上司に、外国での仕事、例えば、イギリス、スイス、アメリカなどに置かれているレーバーアタッシェの職に就きたいと希望を出した。「女性には無理でしょう」という答えが返ってきて、そういう世の中なのかとがっかりしたことは、まだ記憶にあざやかである。

しかし時勢は変わり、とくに一九七六（昭和五一）〜八五年の「国連婦人の十年」（Decade for Women）の影響は大きく、チャンス到来になる。

「チャンスにはチャレンジ」と、私はニューヨークへの赴任を受けることになるのだが、そのとき支えになったのは、三〇代での「アメリカ冬の旅」だった。チンプンカンプンだった英語が聞きとれるようになり、思うことを相手に伝えることができるようになっているという状態になっていなかったら、ambition ばかりあっても、国連代表部の仕事に就けるわけはなかったからである。そして、公使の経験があったればこそ、大使の任も果たせたということも疑えない因果であろうか。
その「冬の旅」で出会った人々、お世話になった人々のこと、今まで思い出すことが少なかった埋め合わせをしたいというのが、『続々 忘れられぬ人々』である。遠く離れて、年月も過ぎ去り、あの方たちの恩義に報いることが何もできないことはひどく残念ではあるが、心の中でとても感謝をしているこのわたくしであります。

二〇一九年八月

赤松　良子

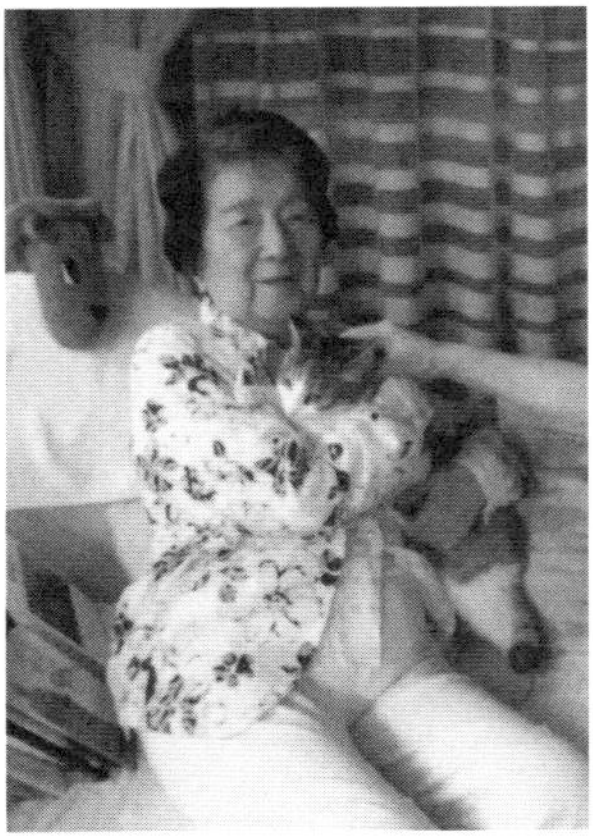

2歳になった愛猫 MIMI と

赤松良子　略年表

年号	個人年表	関連事項
一九二九（昭4）	大阪市天王区勝山通に生まれる。 父赤松麟作・母浅香	世界恐慌始まる 南米エクアドルで婦人参政権実現
一九四二	大阪市天王区立五条小学校卒業 大阪府立夕陽丘高等女学校入学	大日本婦人会結成
一九四五		敗戦　婦人参政権実現
一九四六	同高等女学校卒業 神戸女学院専門学校入学	天皇「人間宣言」 婦人参政権行使（女性衆院議員三九名） 国連「婦人の地位委員会」設立
一九四七	同校退学 津田塾専門学校入学	日本国憲法施行 労働基準法制定　労働省発足
一九四八		優生保護法制定
一九四九		S・ボーヴォアール『第二の性』
一九五〇（昭25）	同校英語学科卒業 東京大学法学部入学	朝鮮戦争勃発
一九五一		サンフランシスコ講和会議 ＩＬＯ 一〇〇号「男女同一賃金」条約採択
一九五二	国家公務員六級職採用試験（法律）合格	対日平和条約、日米安保条約発効

一九五三	東京大学法学部卒業 労働省入省、婦人少年局婦人課に配属 結婚	ＩＬＯ 一〇三号「母性保護」条約採択 スト規制法公布 第一回全国婦人会議
一九五六	出産	日本、国連に加盟
一九五八	埼玉労働基準局調査課に転任	警職法改正国会上程
一九五九	社会政策学会で「婦人労働者の保護」発表	最低賃金法公布
一九六〇（昭35）	職業安定局労働市場調査課に転任	安保反対闘争 中山マサ、初の婦人大臣（厚生大臣） バンダラナイケ、初の女性首相（スリランカ）
一九六三	アメリカへ（国連のフェローシップ）	ケネディ暗殺 老人福祉法公布 B・フリーダン『フェミニン・ミスティーク』
一九六四	イギリス、ドイツ、フランス、スイス、イタリア歴訪 婦人少年局婦人労働課に転任	アメリカ公民権法 母子福祉法公布
一九六六	同局年少労働課長補佐	結婚退職制無効の住友セメント事件判決 ＩＬＯ 八七号「結社の自由及び団結権の保護」条約発効

		インディラ・ガンジー、首相となる（インド）
一九六八	群馬労働基準局労災補償課長	電電公社・育児休職制度を実施
一九六九	婦人少年局婦人労働課長補佐	沖縄返還闘争 労働基準法研究会設置
一九七〇（昭45）	婦人少年局婦人課長に昇進	家内労働法公布
一九七一	勤労婦人福祉法案立法準備室長兼任	婦人参政権二五周年記念会議　『目で見る婦人の歩み』出版 縫田曄子、東京都民生局長に 秋田相互銀行、初の男女同一賃金公判闘争
一九七二	婦人少年局婦人労働課長	勤労婦人福祉法制定
一九七三	「OECD・経済社会における婦人の役割について」の専門家会議出席（ワシントン） アメリカ労働省訪問	第一次オイルショック
一九七四	「OECD・経済社会における婦人の役割について」作業部会に出席（パリ） フランス・イタリア労働省訪問	名古屋放送女子若年定年制事件判決 男女平等問題研究会議発足
一九七五	ＩＬＯ第六〇回総会・日本政府代表顧	国際婦人年世界会議（メキシコ）

	問（ジュネーブ） 山梨労働基準局長	婦人問題企画推進本部発足 婦人参政権行使三〇周年記念式典 国際婦人年日本大会（四一団体） イギリス性差別禁止法施行
一九七六	『解説　女子労働判例』（編著、学陽書房）	「国連婦人の十年」（七六～八五年） 緒方貞子、初の女性国連公使 高橋展子、ＩＬＯ事務局長補に
一九七七	『日本婦人問題資料集成　三巻　労働』（編集／解説、ドメス出版）	「国連婦人の十年」国内行動計画策定
一九七八	内閣総理大臣官房参事官（総理府婦人問題担当室長） 「国連婦人の十年」中間年世界会議準備委員会に出席（ウィーン）	日本鉄鋼連盟の女性労働者、男女差別賃金・配転是正を提訴
一九七九	国連日本政府代表部公使 国連第三四回総会日本政府代表	Ｍ・サッチャー、イギリス首相に 第三四回国連総会「女子差別撤廃条約」採択
一九八〇（昭55）	「国連婦人の十年」中間年世界会議日本政府代表（コペンハーゲン） 国連第三五回総会日本政府代表	高橋展子、初の女性大使 田中寿美子、社会党副委員長 「国連婦人の十年」中間年世界会議にて日本政府、「女子差別撤廃条約」に署名
一九八一	国連第三六回総会日本政府代表	

一九八二	国連日本政府代表部特命全権公使に昇格 第二回国連軍縮特別総会日本政府代表 高齢者問題世界会議日本政府代表（ウィーン） 労働省婦人少年局長	育児休業制度普及促進旬間設置 初の女性税務署長
一九八四	同省婦人局初代局長	男女雇用機会均等法衆院可決
一九八五（昭60）	「国連婦人の十年」世界会議日本政府代表（ナイロビ） 『詳説 男女雇用機会均等法及び改正労働基準法』（日本労働協会）	男女雇用機会均等法成立 女子差別撤廃条約批准 労働者派遣法成立 「国連婦人の十年」最終年世界会議（ナイロビ）
一九八六	ウルグアイ東方共和国駐在特命全権大使 国連女子差別撤廃委員会委員に当選	コラソン・アキノ、大統領に就任（フィリピン） 土井たか子、社会党委員長に就任
一九八七	同委員会に出席（ウィーン）	労働基準法改正 長尾立子、厚生省初の女性局長
一九八八	同右（ニューヨーク）	
一九八九	ウルグアイより帰国　退官 女性職業財団会長　国際女性の地位協会会長　婦人問題企画推進本部参与	海部内閣に女性閣僚二名、森山眞弓、初の官房長官

	児童福祉審議会委員	
一九九〇（平2）	法制審議会委員　雇用審議会委員 国連女子差別撤廃委員会委員に再当選 『赤松良子　志は高く』（有斐閣） 『うるわしのウルグアイ─女性大使の熱い三年』（平凡社）	国連難民高等弁務官に緒方貞子
一九九一		育児休業法公布
一九九二	文京女子大学教授　九七~同大学院教授	
一九九三	文部大臣に就任（細川内閣で）	衆議院議長に土井たか子
一九九四	同（羽田内閣で）	最高裁判事に高橋久子
一九九五		第四回国連世界女性会議（北京）
一九九六		「男女共同参画二〇〇〇年プラン」決定
一九九七	「赤松良子賞」を設立	「均等法」改正公布
一九九八	びわ湖ホール　オペラハウス館長	
一九九九	ＷＩＮ　ＷＩＮ設立、代表 朝日新聞オンブズマン	「男女共同参画社会基本法」公布
二〇〇〇		国連特別総会「女性二〇〇〇年会議」（ニューヨーク）

二〇〇三	旭日大綬章を受章 『均等法をつくる』（勁草書房）	
二〇〇五	記録映画『ベアテの贈りもの』（製作委員会代表）	「男女共同参画基本計画改定に当たっての基本的な考え方」を答申
二〇〇八	日本ユニセフ協会会長就任	S・ボーヴォアール生誕百周年
二〇一〇		「第3次男女共同参画基本計画策定に当たっての基本的な考え方」答申
二〇一三	クオータ制をめざす会代表 『時代を視る』（パド・ウィメンズ・オフィス）『クオータ制の実現をめざす』（監修 同）	
二〇一四	『忘れられぬ人々　赤松良子自叙伝』（ドメス出版）	
二〇一七	『続　忘れられぬ人々　赤松良子自叙伝』（ドメス出版）	
二〇一八		政治分野における男女共同参画の推進に関する法律公布
二〇一九	東京都名誉都民に推挙される	

赤松　良子（あかまつ りょうこ）

1929 年　大阪府生まれ
1950 年　津田塾専門学校英文学科卒業
1953 年　東京大学法学部卒業、同年、労働省に入省
1979 年　国連日本政府代表部公使に就任、女子差別撤廃条約に賛成の投票を行う
1982 年　労働省婦人少年局長に就任、男女雇用機会均等法の立案に当たる
1984 年　労働省婦人局初代局長に就任
1986 ～ 89 年　駐ウルグアイ大使
1989 年～　女性職業財団（現 21 世紀職業財団）会長。国際女性の地位協会会長、文京女子大学教授などの職を務める
1993 ～ 94 年　細川、羽田両内閣で文部大臣に就任
1997 年　国際女性の地位協会 10 周年を記念して「赤松良子賞」を設立
1999 年　政治の分野への進出をめざす女性を支援するネットワーク、WIN WIN 設立、代表に
2008 年より日本ユニセフ協会会長、現在にいたる
2019 年　東京都名誉都民に推挙される

著書・編著

『解説 女子労働判例』（編著 学陽書房 1976 年）
『日本婦人問題資料集成 第三巻 労働』（編集 / 解説 ドメス出版 1977 年）
『詳説 男女雇用機会均等法及び改正労働基準法』（日本労働協会 1985 年）
『赤松良子 志は高く』（有斐閣 1990 年）
『うるわしのウルグアイ―女性大使の熱い三年』（平凡社 1990 年）
『均等法をつくる』（勁草書房 2003 年）
『時代を視る』（パド・ウィメンズ・オフィス 2013 年）
『クオーター制の実現をめざす』（監修 パド・ウィメンズ・オフィス 2013 年）
『忘れられぬ人々 赤松良子自叙伝』（ドメス出版 2014 年）
『続 忘れられぬ人々 赤松良子自叙伝』（ドメス出版 2017 年）ほか

続々 忘れられぬ人々　赤松良子自叙伝

2019年8月24日　第1刷発行
定価：本体1700円＋税

著　者　赤松　良子
発行者　佐久間光恵
発行所　株式会社 ドメス出版
東京都文京区白山 3-2-4　〒112-0001
振替　00180-2-48766
電話　03-3811-5615
FAX　03-3811-5635

印刷・製本　株式会社 太平印刷社

ISBN978-4-8107-0845-5 C0095